张友明 ◎ 著

终身成长

优秀孩子的 **10** 堂自我管理课

Lifelong Growth

财商教育
情绪管理
儿童口才
非暴力沟通

文汇出版社

图书在版编目 (CIP) 数据

终身成长：优秀孩子的 10 堂自我管理课 / 张友明著
. — 上海：文汇出版社, 2020. 11
　ISBN 978-7-5496-3336-4

　Ⅰ．①终… Ⅱ．①张… Ⅲ．①自我管理－儿童教育－
家庭教育 Ⅳ．① G782

中国版本图书馆 CIP 数据核字 (2020) 第 185393 号

终身成长：优秀孩子的 10 堂自我管理课

著　　者 / 张友明
责任编辑 / 戴　铮
装帧设计 / 天之赋设计工作室

出版发行 / 文匯 出 版 社
　　　　　上海市威海路 755 号
　　　　　（邮政编码：200041）
经　　销 / 全国新华书店
印　　制 / 三河市龙林印务有限公司
版　　次 / 2020 年 11 月第 1 版
印　　次 / 2020 年 11 月第 1 次印刷
开　　本 / 880×1230　1/32
字　　数 / 120 千字
印　　张 / 7.5

书　　号 / ISBN 978-7-5496-3336-4
定　　价 / 39.80 元

序　言

　　有人说，孩子还小，不需要过早地接触管理学。当你初次接触这本书时，或许也会有类似的疑惑：孩子还那么小，是否有必要那么早就接触管理学呢？

　　事实上，教育从来都没有"过早"一说，每个人从小就是一名管理者。但是，正如你所见，真正能够做好管理的人却寥寥无几——缺乏体系化学习、专业的方法论，都将导致管理失败。

　　管理其实是一门需要学习、钻研的艺术。

　　从心理学角度来讲，孩子的年纪越小，他的可塑性就越强。管理学恰恰就是一门讲方法、讲逻辑、讲行为模式的学科，如果年纪小的孩子能够尽早接触，并成功吸收其中的行事逻辑、行为模式，就可以成功养成一套科学的处事风格。这套成熟、科学的处事风格，将使孩子受益一生。

可以说，在生活节奏越来越快的当下，如何体系化、专业化地帮助孩子学会管理，将成为儿童教育的又一关键突破口。

当你抱怨孩子做事拖拉时，你有没有想过是孩子的时间管理出了问题？

当你抱怨孩子爱闹脾气时，你有没有想过是孩子的情绪管理没能做好？

当你担心孩子不能很好地处理金钱问题时，有没有想过给他上一堂财务管理课？

当孩子说话词不达意时，你能不能将之与沟通管理联系起来？

当你为孩子筹备大量资源后，有没有想过通过资源管理课教会孩子怎么用？

当孩子盲目努力时，你有没有陪着他一起去做目标管理？

当你只顾限制孩子社交时，为什么不试着授之以渔，教他做好社交管理？

当孩子陷入茫然时，最应该提高的其实是他的认知管理能力。此外，我们平时所说的自律，其实就是自我管理。你看，处处皆管理，身为家长又怎能不让孩子早早学习管理学呢？

当你越不讲究体系化地教育孩子时，你的孩子就越难系统化地学习。现在的社会已经不再依靠考试成绩取胜，比起教孩子一心只读圣贤书，更重要的是教会孩子如何为人处世。

教育不仅仅是让孩子学会做正确的事情，还要教会他如何正确地做事。管理并不遥远，它就在日常的一点一滴中，每一件不起眼的小事都可能蕴含着管理学的小技巧和大道理。

本书共分为 10 节管理课程，从 3 岁到 18 岁的育儿管理问题，你都可以在这里找到答案，全方位打造从小就懂得管理的"超级"孩子。

目 录

/ 第一章 /　时间管理：让孩子成为时间的主人

◎ 管理时间之前，先带孩子认识时间　> 002

◎ 和孩子一起规划时间　> 006

◎ 孩子浪费时间的习惯需要被纠正　> 011

◎ 引导孩子分清事情的轻重缓急　> 015

◎ 时间膨胀法：帮孩子提高时间利用率　> 019

/ 第二章 /　财务管理：理财要从小开始学习

◎ 放手让孩子试着自己管钱　> 025

◎ 孩子不攀比，从认识金钱的意义开始　> 029

◎ 财商教育不是让孩子变成"小财迷"　> 033

◎ "赚钱教育"要适度　> 038

◎ 适当让孩子知道你的"不容易"　> 042

/ 第三章 /　情绪管理：成就不被情绪支配的孩子

　　◎ 认识情绪是情绪管理的第一步　> 049

　　◎ 孩子要有好脾气，但不能没脾气　> 053

　　◎ 承认孩子也承受着各种压力　> 058

　　◎ 别让孩子憋着"不开心"　> 063

　　◎ 说出感受也是一种情绪管理　> 067

/ 第四章 /　沟通管理：帮助孩子学会如何说

　　◎ 很多时候，沉默不是金　> 074

　　◎ 非暴力沟通是从小养成的好习惯　> 078

　　◎ 学会拒绝，能让孩子的社交更有意义　> 082

　　◎ 诚实的孩子是信任造就的　> 087

　　◎ 孩子与你争执，有时候并不是坏事　> 091

/ 第五章 /　资源管理：教孩子如何处理自己所拥有的东西

　　◎ 爸爸妈妈也是孩子的资源　> 097

　　◎ 让孩子懂得除了拥有，还要会用　> 101

　　◎ 朝夕相处的玩具值得好好对待　> 105

◎ 父母无权处理孩子的"财产" ＞110

◎ 在生活细节中教会孩子"断舍离" ＞114

/ 第六章 / 目标管理：不要让孩子盲目地前进

◎ 永远不要小瞧孩子的梦 ＞120

◎ 想实现大目标，先要有小目标 ＞124

◎ 动起来是实现目标的第一步 ＞128

◎ 允许孩子停下来矫正目标 ＞132

/ 第七章 / 社交管理：拥有益友，孩子将受益一生

◎ 让孩子知道分享是一种快乐 ＞138

◎ 平等交友，而不是刻意讨好 ＞142

◎ 告诉孩子，不用得到所有人的喜欢 ＞147

◎ 尊重孩子的朋友，就是尊重孩子本人 ＞152

◎ 孩子和"坏孩子"交朋友，该怎样办 ＞156

/ 第八章 / 认知管理：让孩子真正认识自己

◎ 家长的行为影响着孩子的是非观 ＞162

◎ 每个孩子都有闪光点 ＞166

◎ 所有人都不可能完美无瑕　> 171

◎ 他撒了谎，为什么却得到了表扬　> 176

◎ 不要随意给孩子下定义　> 180

/ 第九章 /　困难管理：不怕遇到困难，就怕不会应对困难

◎ 孩子的自信是夸出来的　> 186

◎ 输不起比输了更可怕　> 190

◎ 陪着孩子去面对，才能让他学会不逃避　> 194

◎ 争强好胜不是教育的目的　> 198

◎ 父母应该尝试着让孩子独立生活　> 202

/ 第十章 /　自我管理：能学会管理好自己就是成功的第一步

◎ 自律的孩子才能拥有自由　> 208

◎ 和孩子一起坚持就是胜利　> 212

◎ 最好的比较是跟自己比　> 216

◎ 父母只负责提建议，决策权归孩子　> 220

◎ 自省时间：与孩子一起反思　> 225

○
○
○

/ 第一章 /

时间管理：让孩子成为时间的主人

○
○
○

◎ 管理时间之前，先带孩子认识时间

很多时候，孩子并非刻意浪费时间，而是因为他对时间缺乏感知——他无法理解时间的重要性，自然无法意识到时间的宝贵。并且，在大多数孩子的感知里，时间取之不尽、用之不竭，对于无限的东西，他缺乏珍惜意识是很正常的。

要想教孩子学会时间管理，首先要解决的问题，就是如何让孩子认识时间。尤其对年幼的孩子来说，时间看不见、摸不着，是个十分抽象的概念——越抽象，就越难理解，感知也就越发困难。

这时候，家长的教育十分重要，重点应该放在如何让时间这个抽象的概念"活"起来，把它从看不见、摸不着变为看得见、摸得着。

朋友陆洋在教孩子七七认识时间的时候，选的是孩子 6 岁生日的契机。那天，他没有急着说教，而是像往年一样在蛋糕上整整齐齐地插上蜡烛，只是今年的蜡烛比去年多了

一根。

许完生日愿望、吹灭蜡烛后，七七兴奋地挥动刀叉准备切蛋糕。这时候，陆洋拦住了七七，引导式地问道："七七，先别急着动手，我们来数数这个蛋糕上有多少根蜡烛。""你还记得去年过生日时，蛋糕上只有 5 根蜡烛吗？这是为什么呢？"

当孩子自然地回答"因为长大了一岁"后，陆洋又佯装感叹道："是啊，七七每年都会长大一岁，而爸爸妈妈每年都会老一岁。""时间只会不断溜走，再也回不来了。"

这样的教育融入七七生活的方方面面。七七开始对时间的流逝和不可逆性有了感知，也开始真正地学习如何珍惜时间、管理时间，做时间的小主人。

只有知道时间的不可逆，孩子才能懂得珍惜时间的道理，这时候才有条件谈论孩子的时间教育问题。否则，孩子的意识跟不上，时间管理就如同空中楼阁，只是空谈。

辰辰妈妈则是以身作则，培养孩子的时间观念。

辰辰妈妈所在的公司，在寒暑假期间允许家长带孩子上班。对辰辰妈妈来说，这是一个很好的机会，她可以带着辰辰体验自己忙碌的工作时间。

辰辰本来以为跟着妈妈一起上班，妈妈可以陪着他玩儿，可谁知，到了妈妈公司才发现妈妈忙得很，根本没空陪他玩儿。下班回家的路上，懂事的辰辰心疼地问："妈妈，你为什么这么忙呀？"

妈妈趁机向辰辰解释："我们每个人每天只有 24 小时，一日三餐再加休息时间大概要花掉 5 小时，晚上睡觉要用掉 8 ~ 10 小时。时间很有限，所以我们要好好珍惜，利用宝贵的时间做更多有益的事情呀。"

辰辰虽然懵懵懂懂，但也牢牢记住了妈妈说的"每天只有 24 小时"，开始有了珍惜时间的意识。

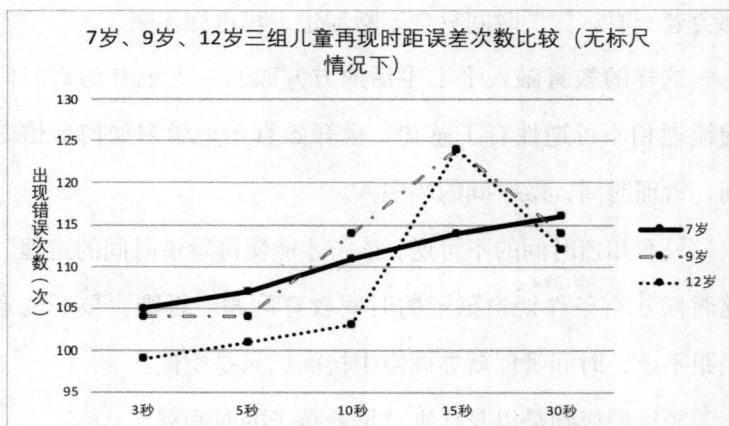

7岁、9岁、12岁三组儿童再现时距误差次数比较（无标尺情况下）

在教育孩子珍惜时间与学习管理时间时，家长最不应该做的就是急于求成——培养孩子正确的时间意识和感知，比教给孩子珍惜时间的方法更重要。只有帮助孩子正确地感知时间，树立时间意识，他才能发自内心地学习管理时间。这样一来，时间管理的教育就能事半功倍。

可以说，时间感知课程在时间管理中占据着举足轻重的地位。在引导孩子感知时间的过程中，家长还须注意不要过分诱导孩子对时间产生焦虑感。

【时间管理方法】

1. 送给孩子一个小闹钟，让时间"看得见"

让时间从抽象走向形象最简单的做法，就是送给孩子一个小闹钟，让他能够"看见"时间。然后，要求孩子少用"马上""再玩儿半小时""过会儿"这类模糊的时间概念，引导他给出准确的时间，如"玩儿 10 分钟就得去睡觉了""1小时内完成作业"等，并定好相应的闹钟。

久而久之，孩子对时间就会有相对清晰的认知。当时间"看得见"了，孩子也就能够意识到时间的流逝，开始学会珍惜时间。

2. "狠心"的双倍惩罚机制

为了培养孩子的时间观念，帮助他正确认识时间，家长可以采取一些强硬手段，让孩子承担浪费时间的后果。

比如，与孩子约好 5 分钟后结束游戏，而他却超时了，这时家长可以在他的下次游戏时间中双倍扣取——超时 1 分钟，下次的游戏时间就会减少 2 分钟。这样的做法，可以引导孩子主动将目光转移到时间流逝上，有利于培养孩子的时间感知。

3. 把时间感知适当融入生活

在帮助孩子培养时间感知的过程中，家长可以学学七七的爸爸，也可以学习辰辰的妈妈，把时间感知融入孩子的生活，让时间教育以更温和的方式传递进孩子的心里，更深入孩子的内心。不过，为了避免给孩子带来过度的时间焦虑感，建议家长避免高频率地对孩子强调时间的紧迫感，避免营造焦虑的氛围。

时间管理很重要。

如果孩子无法正确地感知时间，对时间缺乏正确的认识，不能很好地进行时间管理也是理所当然的事情。因此，家长在对孩子进行时间管理教育时，一定要先教会孩子认识时间，让孩子树立正确的时间感知。

◎ 和孩子一起规划时间

只有合理规划，才能帮助孩子进行更好的时间管理，监督他的生活过得更有规律。因此，家长应该帮助孩子养成规划时间的习惯，引导他列好任务清单，评估各项事务所需时间。

在帮助孩子规划时间的同时，家长尤其要注意以引导为主，而非替孩子规划。如果孩子的时间长期由家长代为规划，一旦离开家长的督促和管理，他就很难自觉遵守规划安排了。

原因很简单，不是孩子自主制定的时间规划表，他很难从心底里认可。

依依上了几天小学后，就开始排斥上学。她跟爸爸说："爸爸，我不想去上学了，因为学校的生活太累了，每天有那么多课程，还有那么多作业，我都要累晕了。"

"那是因为你没有很好地规划时间呀！"爸爸听了依依的话，摸了摸她的头。

一年级是依依从幼儿园过渡到小学的重要时期。幼儿园时，依依每天过得闲散快乐，一时间当然难以适应小学的学习生活。尤其突然面对满满当当的课程与作业，缺乏时间规划的依依瞬间昏了头，不知如何是好。

在这种情况下，最好的解决办法就是，家长帮助依依建立一张科学的学习、休息时间表。

当天晚上，依依就在爸爸妈妈的陪伴下，把时间表制定好了：每天6点半起床，花半小时洗漱、吃早餐，然后再花

20 分钟朗读课文，7 点 20 分出门上学；每天 5 点半放学回家后，可以看半小时的动画片休息一下，准备吃饭；吃完饭后，可以到楼下散步半小时，7 点半开始写作业，大约 1 小时内完成，然后享受半小时愉快的家庭活动时间；晚上 9 点上床睡觉。

时间规划好之后，依依在爸爸妈妈的监督下开始严格按照时间表的进度生活。慢慢地，她养成了习惯，小学生活也不再那么乱糟糟的了。

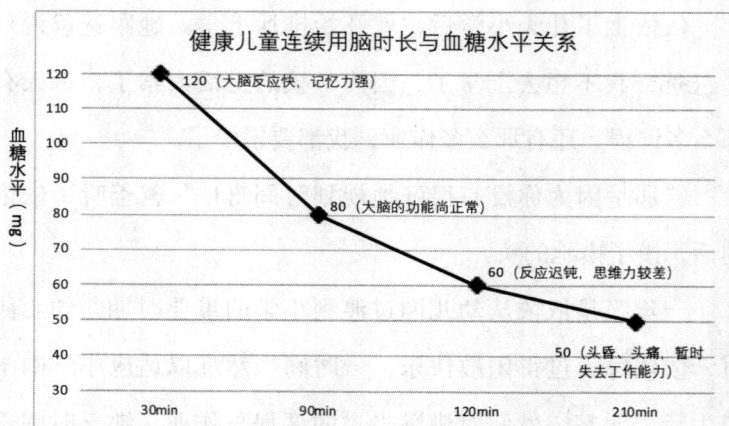

健康儿童连续用脑时长与血糖水平关系

所有能够做好时间管理的人，大都有一个共同点，那就是他能够合理地规划时间，并能集中精力做好该时间段要完成的任务。

9 岁的小贝是个十分懂事的孩子，做时间规划是他自己提出来的要求，并且明确表示不希望爸爸妈妈插手。爸爸妈妈也就乐得悠闲，放任小贝自己去规划时间。

可是没多久，爸爸妈妈发现有了时间规划表的小贝却把自己的生活过得一团糟。于是，他们把这周的家庭会议议题定为"小贝的时间规划怎么了"。

家庭会议上，爸爸妈妈终于找到小贝对时间利用不合理的病因：他把时间规划得太赶了，所有事务紧密排列，不留一丝缝隙，甚至不考虑机动时间，也不预留休息时间。所以，这份时间规划表让小贝的生活变得格外紧凑，一旦某件事超出预估时间，他根本就没有反应能力。

孩子由于经历不足，看待事情比较片面，尤其容易陷入理想主义的陷阱，因此，他所做的时间规划表势必会出现这样那样的不足。如果家长不加以引导，就很容易导致孩子在错误的时间规划上受挫。

【时间规划要点】

1. 以引导为主，不要替孩子做主

有些父母习惯包办，也会习惯性地帮助孩子建立时间规划表。事实上，这种由家长代劳的时间规划表，并不能完全符合孩子的真实情况。

当父母自顾自地为孩子制定好时间规划表后，孩子就只

能像机器人一样按部就班地执行任务，这对提高孩子的时间规划能力并无好处。对于一些叛逆的孩子而言，父母这样的行为很容易引起他的反抗情绪。

所以，时间规划表还应该让权给孩子自己做主，家长只提供引导。而且，陪伴孩子规划时间也是绝佳的亲子互动时期，每位家长都要学会珍惜这样的机会。

2. 劳逸结合，不要把时间安排得太紧凑

时间规划表的意义，在于帮助孩子合理规划时间，而不是时时刻刻都像在赶时间。

一张合理的时间规划表，应该是松弛有度的。尤其要注意的是，在各项事务之间要安排适当的时间间隔，给孩子充分的休息机会，而不是让孩子像个轴承一样忙个不停。

过分紧凑的时间规划表，并不能让孩子的时间利用率变得更充分，反而容易让孩子紧张焦虑，影响他的正常生活。

时间规划对每个人来说都十分重要。面对尚未成熟的孩子，如何引导孩子做好时间规划，是每个父母都要认真思考的命题。如果你能很好地帮助孩子进行时间规划，相信你的孩子很快就能成为一个超级时间管理者。

◎ 孩子浪费时间的习惯需要被纠正

在现代快节奏的生活中，每个成年人都明白时间的宝贵。正是因此，成年人总会把自己的生活安排得满满当当，生怕有一丝浪费。孩子对时间的观念往往不如成人一般敏感，他只有在成长过程中才会渐渐发现时间不够用。

如果孩子从小就不懂得珍惜时间，在成长过程中，他就很可能不断浪费宝贵的时间。

面对时间这样的抽象概念，孩子总是容易迷失，也很容易习惯性地浪费时间、挥霍时间。有时候，纵使他知道时间宝贵，家长、老师也一再要求他珍惜时间，但是由于缺失自制力和内心的侥幸，他还是会在不知不觉中浪费时间。

前段时间，妈妈发现千千写作业的速度越来越慢，原本 1 小时就能完成的作业，他总要花上三四个小时才能写完。妈妈本以为是千千升学后作业增加的缘故，也就没有放在心上。谁知后来参加千千的家长会，她才发现家庭作业并没有增加。

于是，妈妈回家后就偷偷观察千千到底是如何写作业的。她这才发现，千千的小动作实在太多：要么写到一半就开始玩橡皮擦，要么听到窗外有什么动静就开始东张西望，要么就是望着作业本发呆，迟迟不下笔。

难怪原本只需1小时的作业量，千千要花三四个小时来完成，时间都被他浪费了。

妈妈决定找千千好好聊聊。聊天过程中，妈妈才知道千千其实不是故意浪费时间，只是他总想着：发一会儿呆不碍事，玩儿一下不碍事，看看窗外有什么动静也不碍事。谁知道，时间就在不碍事中悄悄地溜走了。

千千浪费时间的行为虽然不是故意的，但是却对他的学习、生活造成极其严重的影响。想想，一个孩子每天在各种小动作上浪费2小时，这是一件多么可惜的事情。这种行为需要家长提高警惕，及时帮助孩子纠正。

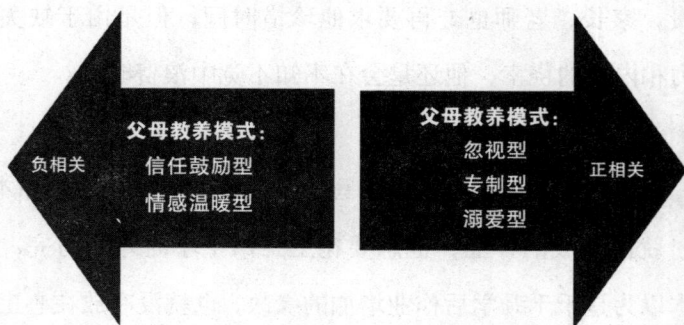

| 负相关 | 父母教养模式：
信任鼓励型
情感温暖型 | 父母教养模式：
忽视型
专制型
溺爱型 | 正相关 |

父母教养方式与儿童学业拖延情况关系

很多时候，孩子浪费时间还与他的拖延症有关。

小鱼儿就是这样一个喜欢拖拉的孩子，事情能拖就拖，事情不到最后一秒是绝对不会动手的。

又到了暑假，小鱼儿把大部分时间都花在了玩儿上。每当爸爸妈妈说起他的作业，他总会摆摆手，说："快了，快了。"爸爸妈妈还以为他的作业真的快写完了，也就没有过多阻挠他玩儿。直到暑假即将结束时，小鱼儿才开始拼命补作业，爸爸很生气地说："你不是总说快了吗？"

小鱼儿支支吾吾地说："因为我觉得时间还有很多，晚一两天写也没关系，谁知道暑假时间过得这么快。"

暑假的大好时光，就在小鱼儿"明日复明日"的拖延中过去了。但是，小鱼儿吃了这次亏就真的会记住教训，不再拖延了吗？答案是否定的。

拖延会上瘾，次数多了，养成习惯后如果不进行矫正，孩子很容易陷入不断拖延的轮回。

不要看浪费时间事小，它可能会影响孩子的一生。所以，当你发现孩子经常习惯性地浪费时间，千万不能掉以轻心。

【拒绝拖延小贴士】

1. 父母要以身作则，为孩子做好榜样

父母是孩子的第一任老师，一言一行都会给孩子带来深刻的影响。因此，想让孩子戒除浪费时间的坏习惯，父母首先要做珍惜时间、不拖延的人。千万不能一边监督孩子不能浪费时间，一边自己却拖拖拉拉不成事，否则孩子就很容易感到不公平，以致产生逆反心理："为什么大人可以浪费时间，而我就不可以？"

2. 多给孩子讲故事，让孩子从故事中懂得道理

通常来说，孩子都比较喜欢听故事，所以，父母可以多给孩子讲一些关于浪费时间或珍惜时间的故事，让孩子明白时间的可贵。建议穿插讲述正反面的故事，以便让孩子从故事中理解浪费时间的弊端以及珍惜时间的好处。在这样文化氛围的潜移默化影响下，孩子慢慢能够摆脱浪费时间的坏毛病。

我们都知道浪费时间是不好的，但很多时候，时间就是在不知不觉中被浪费的。聪明的父母，首先要学会观察孩子是否真的在浪费时间，如果是，就给出改正的建议并及时引导，这样才能造就合格的时间管理者。

◎ 引导孩子分清事情的轻重缓急

在生活中，许多人总会被各种琐碎事情湮没，以致耽误重要或者紧急的事情，这并不是一个好习惯。同样，在孩子身上，这样的情况尤其显著，因为孩子往往比大人更难分清事情的轻重缓急。

经济学上有这样一个概念，叫作"帕累托定律"，又称为"二八定律"——公司80%的利润，来自20%的重要客户。

这一定律同样适用于时间管理。对于大部分人来说，80%有效的工作任务，只用20%的时间就能完成。所以，只有优先完成重要、紧急的事情，我们的时间管理才更加有效。

皮皮都上中学了，可一直是个令父母不省心的孩子，因为他总在时间管理上犯糊涂，这让爸爸妈妈感到十分苦恼。

前段时间的期末考试，皮皮的时间安排又把爸爸妈妈气得够呛：明明先考语文，可是皮皮偏偏早早就开始复习物理，等到考语文的前夜才火急火燎地复习、背诵语文课文。

爸爸妈妈这才知道，原来他延后复习语文并不是因为已经复习好了，而是兴趣使然。结果显而易见，到考试那天，皮皮的大部分语文知识点还没开始复习，他只能"裸考"了。

对此，皮皮理直气壮地说："我就是不喜欢语文。"当妈妈问他："那你每次都不复习语文，准备怎么应考呢？"皮皮这才像个泄气的皮球，支支吾吾说不出话来。

其实，皮皮这样的时间管理谬误，在许多儿童的时间管理中很常见。你可能也时常有这样的困惑："孩子不会忙，只懂得瞎忙，怎么办？""孩子做事情总是慢悠悠的，不知道什么叫紧急，怎么办？""孩子总是等到考前才想起临时抱佛脚，怎么办？"

这些问题，其实共同指向孩子的一个通病：不懂得分清事情的轻重缓急。

阿智总是向我吐槽他儿子小光的"没头脑"。例如周日早上，他特地提醒小光要记得下午 2 点的作文补习课，提早做好准备。嘱咐完儿子，他就放心地出门去了。可是谁知道，等他中午回来时却发现，小光还在慢悠悠地做物理小实验，让他提早做的准备都还没做。

阿智见状，火冒三丈地骂了小光一顿。谁知道，小光也生气地反驳，说："我是在完成老师布置的实验作业，第二天就要上交了，我又没有玩儿，凭什么批评我？"

阿智被小光的话噎住了。从儿子的角度来看，这件事确实没错，他确实在好好学习。那么，到底错在哪里呢？

其实，小光的错就在于没有分清事情的轻重缓急。物理小实验第二天要交，确实很紧急，也很重要。但更重要的是下午2点有作文补习课，要提前做好准备。等到做好准备，再继续做小实验也不迟，剩下的等补习回来继续做也是可以的。

就是这样一个浅显的道理，小光却被绕了进去。

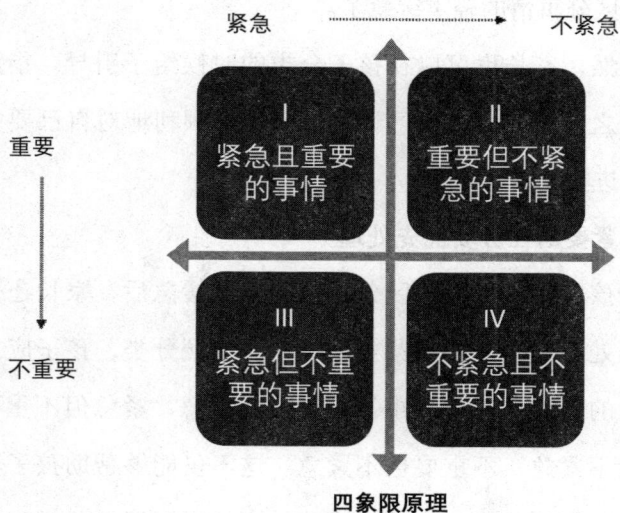

四象限原理

大部分孩子很容易被绕进这样的时间管理陷阱。很多时候，他不是故意浪费时间，而是根本不懂得如何分清事情的轻重缓急，进而管理好时间。此时家长就要出手了，帮助孩子根据事情的轻重缓急安排好时间。

【学会分清轻重缓急之策】

1. 引导孩子用时间矩阵法对事情进行归类

美国管理大师史蒂芬·柯维将事情按照紧急和重要两个维度分成四大类：既重要也紧急、重要但不紧急、不重要但紧急和既不重要也不紧急。当我们按照这样的分类建立一个事务分类表，孩子只需要在分类表里对应填好事务，就可以直观地区分事情的轻重缓急了。

当然，家长也可以在孩子分类的时候给予引导、指点。久而久之，孩子养成了习惯，也就能够顺利地对自己要完成的任务进行分类了。

2. 紧要的任务要优先处理

当孩子能够很好地区分事情的轻重缓急后，家长还要引导他先处理那些重要且紧急的事情。按照分类，孩子应当按照这样的先后顺序处理事情：重要且紧急、紧急但不重要、重要但不紧急、不重要也不紧急。这不仅能够帮助孩子养成良好的时间管理习惯，还能让孩子在处理事情的时候变得更加有条理。

当然，家长还要肩负另一项责任。孩子的自制力有限，这可能导致他在完成任务的时候三心二意，家长应时刻监督，推动孩子按照分类有条理地完成当下的任务，避免延误。

一个不懂得区分事情轻重缓急的孩子，势必无法很好地学会时间管理。学会分清事情的轻重缓急，对于儿童时间管理起着举足轻重的作用。

◎ 时间膨胀法：帮孩子提高时间利用率

很多家长可能存在这样的误区：孩子的主要任务是学习，他就要把所有的时间都花在学习上才能取得进步。但往往事与愿违，孩子在学习上花大量时间，未必就能达到家长所希望的效果，因为很多孩子的时间利用能力有限，很难提高做事效率。

儿童心理学家研究发现，学习时间长并不等于学习效果好，要提高学习效率，就要了解孩子的学习心理规律，处理好学习与玩耍的关系。

笑笑是个乖巧懂事的孩子，每天都很认真地学习，可以说，她的大部分时间都用在了学习上。可是，纵使这样，她的成绩却还是不理想。

笑笑的爸爸很苦恼地来向我求助。起初，我也觉得很奇怪，因为笑笑并不是一个笨孩子，为什么她的学习成绩总是提不上去呢？

后来，我观察了笑笑的学习方式，才知道问题出在哪里。举个例子，当在背诵课文时，笑笑花费大量时间去死记硬背，结果合上课本，背的知识就忘光了。又如，有时候遇到难题，笑笑宁可死磕那道题，也不肯寻求家长或老师的帮助。这样一来，笑笑花在学习上的时间基本就是白费的。

我问她："你为什么不尝试着研究一个适合自己的学习方法呢？"笑笑却强词夺理地反驳我："研究学习方法？那多浪费时间呀！"

是的，很多人会把寻找方法的过程视为浪费时间。但没有方法、盲目横冲直撞导致效率低下，才更是浪费时间。引导孩子学会时间管理，不可忽视的就是引导孩子提高做事效率。

无独有偶，我一个亲戚的孩子做事效率也很低。

与其他孩子喜欢拖延、浪费时间不同，这个孩子十分珍惜时间，什么都想快点儿做完。然而，就是这样的心态，导致他的时间利用率大打折扣。因为在他的生活中，最常见的场景是这样的：一边写着数学作业，一边背着英语单词。不一会儿，作业写着写着就乱了，数学题目没能解答对、英语单词也没背好，他还总以为是自己的学习能力不如别人，便更加用功。

可是这样的学习方式，又怎么可能取得好的结果呢？三心二意，无法集中精力做某件事情，将更多的时间浪费在返工上。一来二去，事情做不好，效率上不去，时间也就浪费了。这是一件很可惜的事情。

其实，时间管理的概念很广泛，它包括但不仅限于时间观念培养、杜绝浪费时间、杜绝拖延，还包括提高时间利用率。

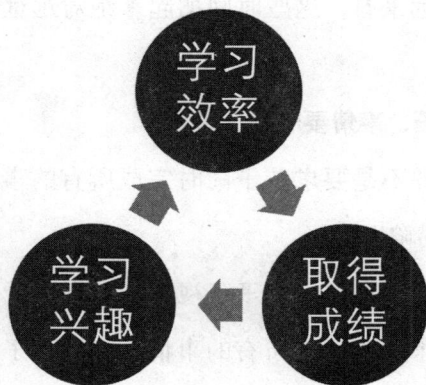

兴趣、效率、成绩循环

(儿童学习愿望来源于进行紧张治理活动和体验到取得胜利的快乐——苏霍姆林斯基)

【方法总比问题多】

1. 帮助孩子找到合适的方法

每个人的学习、做事方法都有所不同，不要担心在摸索方法的过程中耗费时间。原因很简单，如果你能花费一些时间帮助孩子找到适合他自己的学习、做事方法，或许短期内不觉得有什么用，但是把目光放长远，未来将这套学习、做事方法挪用到生活中的很多事情上都是行得通的，相当于"一劳永逸"。

反过来说，如果孩子没有合适的学习方法，每次都要折腾着多花一些时间绕远路。短期来看，可能只是损失了一点儿时间，但长远来看，这些时间加起来绝对远远超过摸索方法的时间。

2. 告诉孩子，事情要一件一件做

时间管理并不是要求孩子同时完成所有的事情，但有些孩子在此时容易陷入误区。

家长要做的是：引导孩子正视时间管理，让孩子懂得提高效率并非要求同时完成所有的事情。如果孩子习惯于同时完成很多事情，无法认真专注在一件事情上，家长一定要及时引导孩子改正这一不良习惯，让他一次只做一件事情。比如，写数学作业的时候要认真写，朗读课文的时候要专注于

朗读，休息的时候可以尽情地玩儿。

为了避免孩子无法专心，家长在督促孩子做好时间管理之余，切记不要过分催促孩子"快点儿"。这样，孩子不会过于焦虑，才能踏实专心地把眼前的事情做好。

追求时间效率的同时，你还要告诉孩子如何让时间"膨胀"起来，提高时间的利用率。只有提高效率，才能真正做好时间管理。

○
○
○

/ 第二章 /

财务管理：理财要从小开始学习

○
○
○

◎ 放手让孩子试着自己管钱

每个人的成长都是从童年一路走来的，相信大部分人在童年时对金钱的印象都是被妈妈收缴的压岁钱。

许多家长喜欢以"替你保管"为名剥夺孩子对财务的管理权，他们的心理很好理解：担心孩子乱花钱。但是，剥夺了孩子对财务的管理权，真的能确保孩子不乱花钱吗？事实往往是相反的。

孩子越少接触金钱，越少有自主管理金钱的意识，他的财商发展就越迟缓，这对孩子来说并不是一件好事。有的孩子可能在被管理中渐渐丧失对金钱的感知和支配能力；有的孩子则可能变得叛逆，开始与父母抬杠，甚至养成偷窃的坏毛病。

任何管理中，"堵"永远不如"疏"更有意义。

之前跟一个同行朋友大杨子交流的时候，她告诉我，在她孩子西西小时候，她就尝试着"让孩子自己管钱"——在西西上幼儿园的时候，她开始每个月定期给西西 5 元零花钱，提前让孩子认识钱，帮助孩子识数。

西西是大杨子的独女，但她却没有过度娇惯孩子，更绝不由着孩子的性子买礼物。

起初，西西看着其他小朋友的爸爸妈妈毫无节制给他们买礼物也会有点儿不开心。大杨子知道后，及时对西西进行疏导："其他小朋友可没有零花钱，如果你真的很想买，就把零花钱攒起来自己买，这样才是独立、聪明的小朋友。"

西西在大杨子的教育下，渐渐懂事了，开始养成攒零花钱的习惯。攒的时间越长，西西就越发懂得取舍，久而久之也就养成了良好的生活习惯：她要花钱的地方可"多"着呢——给好朋友买生日礼物，偶尔要买小零食，不能轻易乱花。

大杨子的这种教育方式，在许多家长中绝对算得上比较开明。从西西的成长来看，让孩子从小自己把控金钱其实并不是一件坏事，家长在其中所扮演的角色就是调整者。

家长要负责调整孩子的权力范围。例如，幼儿园的西西每月只能有 5 元的零花钱，年幼的孩子拥有过多的零花钱势必造成滥用。等孩子再大一些，每月 5 元的零花钱显然不够，家长就应该适当为孩子"涨"点儿。

我的一位邻居曾很苦恼地告诉我，她下班回家后发现自己放在餐桌上准备存进孩子储钱罐的 50 元钱不见了。经过调查，才知道钱是被自己 9 岁的儿子小白拿走了。

擅自拿钱几近于偷，邻居越想越气，就把小白训了一顿。可是小白也很委屈："明明这 50 元钱准备存进我的储钱罐，为什么我花自己的钱却被视为'偷'呢？"两方僵持不下，小白生气地离家出走了。邻居找了很久，才把孩子找回家。

那么，孩子私自挪用自己储钱罐的钱究竟算不算"偷"呢？

气头上的父母势必会觉得答案是肯定的，但是冷静后发现，这完全是强盗逻辑，因为在孩子看来那就是他的钱，根本称不上"偷"。

相信很多父母做过这样的事情：明面给孩子零花钱，实则强行霸占孩子对零花钱的使用权，这很容易让孩子陷入认知混乱：为什么用自己的钱也算"偷"呢？久而久之，他就会丧失"花钱"的能力，这可不是一件好事。

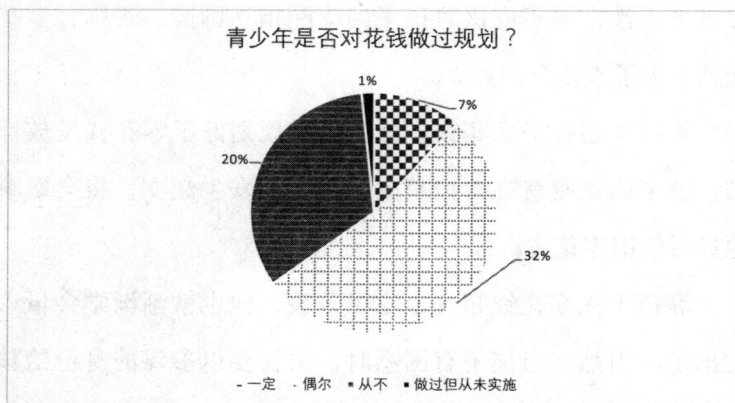

青少年是否对花钱做过规划？

1%

7%

20%

32%

— 一定　· 偶尔　■ 从不　● 做过但从未实施

所以，在给孩子上财务管理课之前，请先收起你的控制欲。

1. 制订详细的零花钱发放计划

在孩子的每个成长阶段，零花钱额度都要有所不同，这就是所谓的零花钱发放计划。制订零花钱计划是必不可少的，最好让孩子也参与进来。

在与孩子讨论的过程中，或许会有不同的见解，但是不用担心，这是你引导孩子认识金钱、正确使用金钱的好机会，也是亲子沟通的绝佳时机。孩子也能感受到参与感，对这份零花钱发放计划也更有认同感。

2. 孩子花零花钱的时候少插手

在孩子花零花钱的时候，家长要尽量管住自己，最好不要过度干涉，更不应该对孩子的支配指手画脚。否则，零花钱就失去了本该有的意义。

不用担心孩子乱花钱，因为提前规划好了零花钱发放计划，孩子的花费就在可控范围内。一旦发生超支，将会影响他日后使用零花钱。

等孩子在零花钱超支上吃了苦头，他也就渐渐学会量入为出了。当然，当孩子有困惑时，家长要以参谋的身份给孩子一些意见。

有些时候，家长对孩子乱花钱的担心是多余的。而且，过多管控更容易成为囚禁孩子的牢笼。如果你真的想让孩子学会财务管理，不如先学会放手让他自己管理。

◎ 孩子不攀比，从认识金钱的意义开始

随着生活条件的改善，不少孩子在小小年纪就开始追求各种名牌。他们追求名牌往往不是出于品质和实用性，而是为了满足虚荣心，为了跟其他孩子一较高下。

近年来，孩子之间的攀比风气越演越盛。

事实上，人类天生就有物质上的追求。这是天性，无可厚非，孩子也是一样的。但是，如果父母不能及时教育、引导和调整孩子在物质追求上的态度与行为，而是一味放任孩子沉迷于攀比，耗费大量时间、金钱、精力用以满足虚荣心，日积月累之下，孩子的成长和未来都会陷入一片阴霾。

青少年最喜欢攀比什么？

	83.30%	83.20%		

穿着打扮　　　　电子产品　　　　零花钱　　　　父母

53.20% 　　48.70%

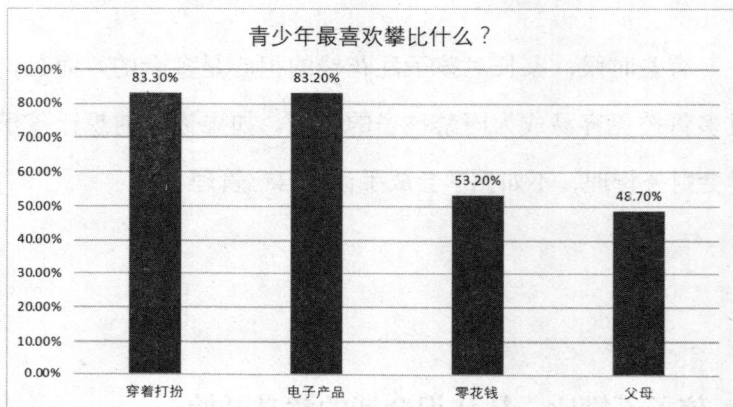

10 岁的彬彬家里条件一般，父母都是工人，但是他身边有好几个家里条件很好的同学。这天，一个家庭富裕的同学过生日，邀请班上所有同学参加他的生日聚会。

彬彬第一次去那个同学家里做客，看到家具陈设都很豪华，他羡慕不已。于是，他开始闷闷不乐，想方设法让妈妈把家里旧的家具陈设卖掉，还哭闹着想要买名牌鞋子和衣服。

这让经济不够宽裕的彬彬父母苦恼不已。

像彬彬这样的情况不少见，因为虚荣心存在于每个人的身上，只是有的人能够很好地进行疏解，有的人则沉沦其中。对于"三观"尚未完全成熟的孩子来说，自行疏解确实不容易，这就要求家长及时介入，帮助孩子树立正确的金钱观。

记得以前我去一位朋友的补习班当代课嘉宾时，见证了这样一件事：六年级的小姑娘乐乐向同学炫耀新买的名牌鞋。

当看到我穿着一双普通的运动鞋时，她问我："老师，你穿
的鞋是什么牌子的？"还没等我答话，她就自顾自地说："肯
定不是名牌，你看我这双鞋子就是名牌的，我爸爸花了很多
钱买来送给我当礼物的！"

乐乐那自得又不屑的样子，让我不禁失笑。我察觉到，
如果不对这些"三观"还未成熟的孩子加以引导，让他们尽
早明白金钱真正的意义，最后他们势必会在攀比和虚荣的世
界里沉沦。

那节课上，我特地抽出 10 分钟为孩子们讲述了他们花的
钱是从哪里来的，并且告诉他们，世界上还有很多人家境贫
寒，现在自己拥有的钱都不应该成为随意挥霍的资本。

为了加强互动，引导孩子深入理解，我又加入了"如果
我有钱"的讨论环节，让孩子们畅所欲言，讲讲自己想怎样
花钱。其中，许多孩子满带善意地回答："我要献爱心！""我
要捐给大山里上不起学的小朋友！"你看，同龄人的优秀品
质往往比任何说教都更有影响力。

课后，我看见那个曾炫耀新鞋的乐乐怅然若失，就问她：
"你怎么了？"

乐乐回答我："我觉得这双鞋花了那么多钱，明明可以
用来做更多更有意义的事情，所以有点儿不开心了。"

当时我就知道，这 10 分钟的讲解值了！

孩子之间会有攀比行为是在所难免的，这是一件很正常的事情，但不代表你能够不重视。每个父母都应该在孩子出现攀比行为的时候，及时进行引导。

1. 不要打骂，正视孩子的攀比行为

引导孩子之前，家长首先要摆正态度：孩子的虚荣心和攀比行为都是正常的，是出于人类追求物质的天性，家长切忌打骂孩子。

要知道，你的打骂并不能从根本上解决问题，也不能帮助孩子正视金钱问题，最多只能从表面上遏制孩子的虚荣心，却无法真正帮助孩子学会财务管理。

2. 告诉孩子金钱来之不易

孩子喜欢攀比，挥霍金钱来满足虚荣心，却未必知道这些金钱来之不易。在教育孩子切勿攀比的时候，家长应该尝试将金钱的来之不易融入教育。

当孩子慢慢理解了父母挣钱的辛苦，花钱的时候，他就会在心里摆一杆秤。等他慢慢长大，渐渐学会了珍惜金钱和懂得了财富的真谛后，就能够很好地自我疏解了。

3. 不要怕跟孩子谈钱

很多家长怕跟孩子谈钱，这是很没道理的。其实，你越

怕跟孩子谈钱，孩子就越难理解金钱的意义。这样一来，攀比行为也会悄悄渗透进孩子的生活，最终从无意识攀比演变为处处攀比。

你大可以跟孩子谈谈零食、玩具、衣服等东西的价格，帮助他理解金钱有什么意义，对他有什么用，对家庭又有什么用，乱花钱会给家庭带来怎样的危害。

家长学会引导孩子去理解金钱的意义，孩子自然就能自己戒掉攀比的坏习惯。

◎ 财商教育不是让孩子变成"小财迷"

在日常生活中，存在这样一群孩子，他们简直就像一个个"小财迷"，小小年纪就攒了许多零花钱，口头上也是时刻不离"钱"字。

这是许多家长在为孩子开展财商教育时最担心的——孩子变成小财迷怎么办？

财务管理教育，绝不是为了让孩子变成一个只在意金钱的小财迷，而是让孩子尽早树立正确的金钱观，学会合理分配财务。这是每个家长都应该明确的财务管理教育方向。

前段时间，有位网友私信告诉我，她的孩子明明今年 11 岁了，从小就是个头脑灵活的孩子。以前她与老公总想提早对孩子进行财务管理教育，但是没想到却把孩子养成一个小财迷。老师不止一次给他们打电话，说明明在班里"做生意"，如倒卖文具、玩具，以"代写"作业赚佣金。

老师这么一说，他们夫妇才恍然明白：家里那些消失的玩具和文具，可不是因为明明粗心大意不小心弄丢的；明明平时写作业到深夜，也不是因为学校课业太多。

这让他们很生气，本来想好好教育一下明明，谁知道明明还"有理有据"地进行反驳："他们有钱，我有玩具和劳动力，双方平等交易有什么错？"

这位网友很苦恼，她和老公的本意只是希望孩子能够早点儿学会财务管理，提高财商，而不是把孩子变成一个小财迷。

这位网友遇到的情况极具代表性。

孩子做生意究竟是不是一件坏事，一直都没有定论。大多数外国父母认为，孩子自幼懂得经商是理财能力、独立能力、社交能力和数学能力的重要体现，是一件好事。所以，他们一般会鼓励孩子做一些力所能及的"小生意"。但是在国内，家长更希望孩子把更多的精力放在学习上。

在明明的问题上，其实不应该将其简单归于对或错。明明的家长更应该在意的是，孩子的生意究竟能否做到"君子爱财，取之有道"，如果能，在不影响学习的情况下，可以鼓励明明尝试学习"做生意"，而不能简单地定性为小财迷。

与明明这种喜欢做小生意的"财迷"不同，还有一种抠门型的小财迷。

8 岁的欢欢就属于这种类型。爸爸妈妈在欢欢小时候就开始对她进行财务管理教育，渐渐地发现她似乎走"偏"了。例如，她开始把"钱"字放在嘴边，买东西的时候也不肯轻易花零花钱，一定要想办法从爸爸妈妈那里拿到钱来买；有时候帮妈妈买酱油或者盐，她都会尽量把找回来的零钱"克扣"下来，还美其名曰"跑腿费"。

一开始，爸爸妈妈还会开玩笑似的说欢欢"掉钱眼里了"，但久而久之，他们开始反思自己的财商教育是不是出错了。因为他们发现，欢欢买东西的时候常常只考虑价格，只选便宜的而不考虑质量问题，经常为了省钱买一些劣质文具。

看着越来越像小财迷的欢欢，爸爸妈妈开始笑不出来了。

近年来青少年犯罪类型占比

28.70%

71.30%

■其他类型犯罪　□财物型犯罪

那么，怎样的财商教育才不至于让孩子变成人见人厌的"小财迷"呢？

1. 不要轻易认为孩子是个"财迷"，更不要因此责备他

孩子认识到金钱的重要性和价值是一件好事，他开始尝试赚钱、省钱也是一件好事，这代表着他的金钱观的萌芽和成长，也是他摸索学习社会规则的过程。

家长无须过度担心，更不要轻易将孩子定性为"财迷"，否则很容易让单纯的孩子陷入茫然：爸爸妈妈不是让我学习财务管理吗？为什么要来干涉我的自由支配呢？因此，在情节并不严重的情况下，家长大可用观望的态度让孩子更自由地感受财务管理的魅力。

2. 告诉孩子，"君子爱财，取之有道"

比起担心孩子喜欢"做生意"，家长更应该关心孩子是否正当地"做生意"。尤其对于那些是非观和价值观尚未成熟的孩子，他们很有可能在不知不觉中犯下错误。

这时候，就需要家长对他进行引导。做生意赚钱没有问题，但是不能赚"黑心钱"，这才是家长需要给孩子上的重要一课。就像明明的例子，售卖自己的文具和玩具没有问题，但是代写作业就有问题了。这是在帮助别的学生欺骗家长和老师，是不道德和违反学校纪律的行为，应该加以杜绝。

3. 不仅要会赚钱、省钱，而且要会花钱

一些"财迷"孩子可能会在学习财务管理的过程中陷入误区：只顾着赚钱和省钱，却不懂得花钱，慢慢变成一毛不拔的"铁公鸡"。

此时，家长要让孩子懂得，他要把钱花在刀刃上，而不是只顾着把钱"囤起来"，那么你的财商教育就成功了。所以，在日常生活中，家长可以多带孩子逛超市，并教他如何挑选物美价廉、性价比高的产品，帮助孩子学会花钱。

财商教育从来不是为了让孩子"掉进钱眼里"，或变成一个"小财迷""守财奴"，它除了教育孩子珍惜金钱外，还要教会他更好地花钱。

◎ "赚钱教育"要适度

"洗一次碗奖励 10 元钱""倒一次垃圾奖励 1 元钱""扫一次地奖励 5 元钱"……这些话是不是很熟悉?

教育孩子的时候,很多家长选择以这种"赚钱教育"作为诱饵。乍一听,这样的教育貌似一举两得,十分省心,既可以让孩子自觉主动地承担家务,又可以让孩子从小懂得赚钱的不易。

事实上,这样的教育方式有着极大的负面作用,很容易影响孩子的健康成长。

赚钱教育本身是为了帮助孩子树立正确的金钱观,提高孩子对金钱的认知和动手实践能力。但是,由于孩子年纪尚小,是非观与认知能力有限,频繁使用赚钱教育会给他带来错误的价值导向,使他出现错误的行为动机,慢慢地就会变得"势利"。如此一来,赚钱教育也就适得其反了。

小宝今年 9 岁,却是个"人小鬼大"的孩子。在小宝很小的时候，爸爸妈妈就开始对他实行赚钱教育培养计划。他们与小宝做了这样的约定：如果小宝周末能够主动扫地，爸爸妈妈就奖励他 2 元 / 次；如果能够在期末考试取得第一名，就能得到 100 元奖励；如果能主动收拾垃圾，就会奖励他 1 元 / 次……

起初，小宝干劲十足，但后来这种赚钱教育却渐渐变味了，因为小宝开始变得挑剔。例如，他不肯帮妈妈去楼下的商店买酱油，因为帮妈妈跑腿没有奖励；也慢慢地不愿意丢垃圾了，因为丢垃圾只有 1 元，跑得路远，又不如扫地价格高。

最过分的是，二年级以后，小宝还学会了讨价还价。他说："一年级的题目容易，考第一名能获得 100 元，但是二年级的题目变难了，如果奖励还不涨价，我就亏了。"

爸爸妈妈自然不肯答应奖励涨价。谁知道，小宝居然交了白卷以示抗议，这可把爸爸妈妈气坏了。

其实，小宝的变化不难理解，爸爸妈妈对他进行赚钱教育的出发点，是为了让他尝试自己赚钱，但是过度使用该方式却使得小宝的行为动机发生改变。

心理研究显示，人类的行为动机分为内外两种。其中，发自内心兴趣和乐趣带来从事某活动的动力就属于内在动机，这种赚钱教育显然是一种外部动机。长期使用外部动机，会让孩子越来越依赖，而丧失内部动机，小宝的表现就是这样的典型。

有关赚钱教育，我也见过执行得相对较好的家庭，李琳夫妇就很擅长用"赚钱"鼓励孩子。但与小宝父母有所不同的是，李琳夫妇的赚钱教育并不是持续性的，而是间隔的。

在日常生活中，他们更频繁使用的是"精神奖励"——当孩子取得好成绩时，全家人就会围在一起，给孩子举办一个小型的表扬会。这样一来，孩子就能因为取得好成绩而获得较大的满足。

那么，什么时候进行赚钱教育比较合适呢？

李琳夫妇会选择在孩子有较大突破的时候进行。例如，孩子第一次主动帮妈妈打扫卫生，孩子第一次取得第一名等。并且，他们会这么说："这一次爸爸妈妈决定给你金钱奖励，这是对你积极主动帮助妈妈打扫卫生的肯定，你的行动让妈妈很感动！""这一次给你金钱奖励，是因为你第一次取得了这么大的突破，爸爸妈妈觉得有必要用比较大的奖励来鼓励你，希望你能再接再厉。"

任何事情都要讲究适度。适当且间接性地使用赚钱教育能够激发孩子的积极性，又不至于让孩子变得势利。此外，关于赚钱教育，抚养人还需要注意以下几点。

青少年是否赞成"金钱即一切"的观点

10.90%

56.20%

32.90%

■ 完全赞成　■完全不赞成　□可以理解

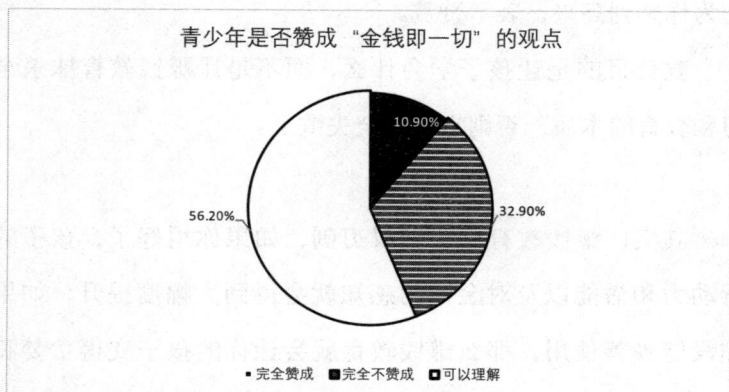

1. 赚钱教育的额度宜少不宜多

我们的赚钱教育主要在于"教育"，而不在于"钱"。因此，在对孩子进行赚钱教育的时候，不要一味提高金钱奖励的额度。

不要以为出手阔绰就是好事，一旦把孩子的胃口养大了，很容易带来反效果。尤其是孩子对价值的认知还比较模糊，因此很容易以金钱来衡量不同事情的价值——对于那些低价值的事情，他肯定会变得不屑一顾。所以，在赚钱教育的额度设置上宜少不宜多，不要让"钱"成为主角。

2. 时刻记住赚钱教育的本质

在给孩子金钱奖励的时候，要注意措辞和引导，不要告诉孩子："是因为你做了什么，我才等价交换给你报酬。"而要告诉孩子："我们给你金钱奖励，是因为你做对了，我们为你感到高兴，表示赞赏。"

教育目的是让孩子学会什么，而不是让赚钱教育抹杀学习和教育的本质，否则它就完全失败了。

其实，赚钱教育是一把双刃剑，如果你用好了，孩子的行动力和潜能以及对金钱的感知就会得到大幅度提升；如果你没能妥善使用，那么赚钱教育就会让你的孩子变得贪婪和势利起来。

◎ 适当让孩子知道你的"不容易"

父爱、母爱都很伟大，这是不可否认的，对于孩子而言，父母就是他的"超级英雄"。但是，有些家长却很容易被这种伟大和英雄情结误导，可能会对孩子刻意隐瞒自己的辛苦，营造出一幅"爸爸妈妈生财有道，生活无忧，过得轻松悠闲"的画面。

诚然，这样的行为是为了让孩子无后顾之忧，但事实上并不利于孩子的财商成长。一个孩子如果不知道你的"不容易"，他就不会懂得珍惜金钱。

很多孩子挥霍金钱并不是主观上的恶意，而是他们没有感知到父母挣钱的辛苦。而且，让孩子觉得挣钱轻而易举并不是一件好事。相反，更容易导致孩子无法学好财务管理，甚至可能严重影响孩子的未来。

表妹夫妇都是陶瓷厂的普通工人，在夏天 37℃ 的天气里，他们要在高温炙热的窑边烧制陶器，其间辛苦自不必说。对于他们而言，每个月的工资都是一点一滴的血汗钱。

然而，这样的血汗钱，他们花在女儿金金身上却毫不吝啬——金金的学校要求买什么，他们都会按照最好的标准给女儿添置；平时金金想要什么，他们也是毫不犹豫地去买。

直到这天，家庭矛盾终于爆发了。金金想要买一双名牌鞋，而那双鞋的价格几乎是表妹一周辛苦劳作的工资，这并非他们能够轻易承受的。金金一怒之下，居然为了一双鞋子离家出走。表妹哭得喘不上气："为什么我会养出这样一个不懂事的女儿？"

后来，金金被找到了，我负责跟她谈心。谈着谈着，我才发现，其实从金金的角度来看并没错——在金金看来，爸爸妈妈的钱取之不尽、用之不竭，他们从来没有拒绝过她的任何要求，以至于这次拒绝实在太伤她的心了，才有了离家出走事件。

"那你知不知道爸爸妈妈挣钱其实很辛苦的？"我问金金，只见金金一脸茫然地摇了摇头。于是，我让表妹夫妇一定要找机会带上金金体验一下他们工作的辛苦。

体验那天，金金热得汗流浃背，回来后，她偷偷告诉我："爸爸妈妈的工作实在太辛苦了，我以后可不能乱花钱了，等我长大了，要让爸爸妈妈不再那么辛苦。"

金金能说出这样的话，让我和表妹夫妇都很感动。

其实，每个孩子都是父母的小天使，他的"不懂事"往往并非来自恶意，而是"无知"。他一直在象牙塔中，并不知道成人世界的酸甜苦辣，也就无法体会父母挣钱的艰辛。在这样的情况下，他又如何能够很好地学会财务管理呢？

我朋友小贾的女儿也是这样的"小白眼狼"。小贾一直秉承"女孩要富养"的观点来养育女儿，直到有一天发生了家庭矛盾。原来，女儿准备跟同学一起出国参加夏令营，这对经济条件一般的家庭而言，实在是一笔不小的开销。

为了满足女儿参加夏令营的心愿，小贾夫妇平日里加班加点的同时，还开始了节衣缩食的生活。结果这天，他们因为买一个小物件吵了起来——女儿看中了一个昂贵又不实用的小摆件，便开始闹着要买。

小贾想到夏令营的费用不少，就拒绝了女儿的要求。本以为女儿会理解，谁知她却不依不饶："你拿出手机扫一扫不就可以了吗？真抠门！"最后，她甚至还闹起了绝食。

小贾十分寒心，觉得自己养了一只"小白眼狼"。其实，是她的女儿没有金钱的概念，也不知道父母工作的辛苦。

为什么有的孩子是贴心的"小棉袄"，而有的孩子却是不知人间疾苦的"白眼狼"呢？要知道，这种不懂体谅家长的"白眼狼"，大多数恰恰是因为父母在教养的时候忘了告诉他——"父母也很辛苦"。

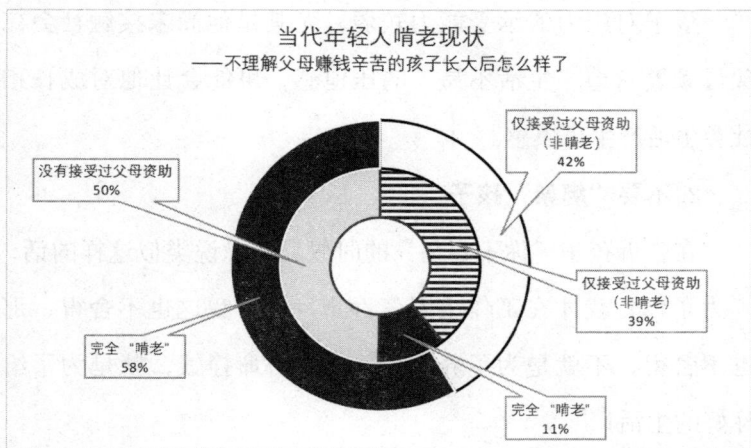

当代年轻人啃老现状
——不理解父母赚钱辛苦的孩子长大后怎么样了

仅接受过父母资助（非啃老）42%
没有接受过父母资助 50%
仅接受过父母资助（非啃老）39%
完全"啃老" 58%
完全"啃老" 11%

在对孩子进行财务管理教育时，很关键的一点就是要让他知道父母挣钱的辛苦。只有懂得赚钱的不容易，他才能学会珍惜，树立正确的金钱观。父母作为孩子的第一任老师，更应该让他知道父母的辛苦和"不容易"。

当然，你还要注意以下几点。

1. 避免营造焦虑感

在让孩子懂得父母"不容易"的时候，千万不要刻意营造焦虑感，不要把父母挣钱的压力转移到孩子身上。对于未成年的孩子来说，学习是他的第一要务，不要频繁地在他面前营造家庭条件不足、父母谋生艰难的焦虑感，否则很容易给他带来过大压力。

孩子对压力的承受能力较弱，尤其是他尚未接触社会，父母频繁营造"生活不易"的压迫感，可能会让他对成长和社会生活产生恐惧感。

2. 不要"绑架"孩子

在告诉孩子"你不容易"的时候，切忌说类似这样的话："为了你，我才在工作上忍气吞声！""我这也不舍得，那也不舍得，不就是为了养你！""我拼命挣钱，就是为了给你好的生活！"

这些话早已偏离教育的轨道，更像"以爱为名"的精神绑架，很容易给孩子幼小的心灵造成伤害，让他觉得自己更像是你的负担。又或者长期被这样的言论萦绕，他可能产生逆反心理。这些都无助于亲子关系的良性发展。

我们让孩子知道家长的"不容易"，是为了让他懂得体

贴，珍惜父母的付出，正确认知金钱并合理规划财务，并不
是为了"绑架"他。

　　适当让孩子懂得你的不容易，让他知道挣钱难，才能够
让他树立正确的金钱观，然后主动学习财务管理，接受财务
管理教育。

○
○
○

/ 第三章 /

情绪管理：成就不被情绪支配的孩子

○
○
○

◎ 认识情绪是情绪管理的第一步

在家庭教育中，大多家长很容易将孩子的情绪管理简单归结为如何做一个懂事的孩子，却忽略了孩子隐藏在背后的情绪，甚至有些孩子对自己的情绪都未能有清晰的认知。

心理研究显示，年纪尚浅的孩子自我意识相对较弱，他们很容易粗糙地将情绪分为开心和不开心两大类。事实上，人类的情感体验中除了开心与不开心，还有惊喜、震惊、惆怅等。于是，我们总能看到有些孩子时常出现严重的情绪波动，如上一秒哭、下一秒笑。

这几天，妈妈被 5 岁的小雨闹得很是苦恼，因为小雨经常毫无由来地大哭大闹，情绪起伏非常大，但是每次询问他怎么了，他却支支吾吾说不出原因。这一度让妈妈误以为小雨存在心理问题，这样一来，心理压力更大了。

一天，小雨姑姑来做客，帮助小雨妈妈破了案。那天晚上，小雨在家里上蹿下跳，怎么都不肯乖乖睡觉，妈妈哄得筋疲力尽都不见效果。过了一会儿，小雨又突然赌气坐到一边，还悄悄抹起眼泪。

妈妈气得甩手不管了，吼道："爱睡不睡，随便你！"

姑姑见了，便蹲在小雨身边问："明天要开运动会了，为什么你现在还不去睡觉呢？"小雨没有说话，只是摇了摇头。姑姑继续问："开心得睡不着吗？"

小雨歪着脑袋想了想，又摇了摇头。姑姑接着又问："是不开心吗？不喜欢运动会？"小雨皱眉思考了一下，还是摇了摇头。这时，姑姑轻轻拍了拍大腿："我知道了，你是不是很开心，但又觉得有一点点不开心，感觉很奇怪？"

听到这里，小雨猛地点了点头，终于开口："我很想让时间过得快点儿，就可以早早参加运动会了。可是我又很怕时间过得太快，还没准备好就要开运动会……我要跟离离赛跑……真是太奇怪了！"

原来问题就出在这里。小雨为即将到来的运动会感到紧张，但是很难表达自己的感受，不知道自己的情绪到底出了什么问题，为什么一会儿开心、一会儿不开心。妈妈只顾着哄他，却没能帮小雨解答疑惑，更没办法帮助他缓解情绪，于是就出现了姑姑看到的那一幕：小雨不肯睡觉，妈妈怎么哄也没有用。

其实，小雨妈妈的遭遇，是许多家长陪伴孩子成长过程中或多或少都经历过的。孩子的情绪不稳定，说变就变，爸爸妈妈无计可施，孩子对自己的奇怪表现也感到很疲倦，因为他并不是从一开始就知道紧张、兴奋、焦虑等情绪的。既然不知道，自然也无从缓解，于是就会更加不知所措。

以前，一位幼师朋友给我讲过这样的故事：她班上的两个小朋友抢夺玩具差点打了起来，就在"电光火石"之际，恰巧被她发现了，并出手拦住这两个争得面红耳赤的小朋友。

作为一名调解员，她简单地了解了孩子之间的事情，对双方都进行了开导。看到调解结果，两人都接受了，可是当她要求两个小朋友握手言和时，两人又都涨红了脸。

其中一个小朋友把头扭开，小声地嘀咕了一句："虽然我不生气了，但是现在不想跟他说话。"这句话让她很惊喜，因为这正是她引导孩子认识除"生气"以外情绪的好机会。于是，她决定不强求他们马上和好，而是留给他们各自冷静的时间。

冷静过后，她再让他们握手言和，并解释他们为什么不生气了却还不肯与对方说话。

随着年龄的增长，情绪不可能只有开心与不开心两种。尤其是成年人，在日常生活中总会产生各种各样更加复杂的情绪。如果未能很好地认识这些情绪，舒缓情绪自然无从谈起。

所以，对于孩子来说，认识情绪非常重要，是情绪管理的第一步。

四个年龄组的情绪表情判断成绩M（SD）

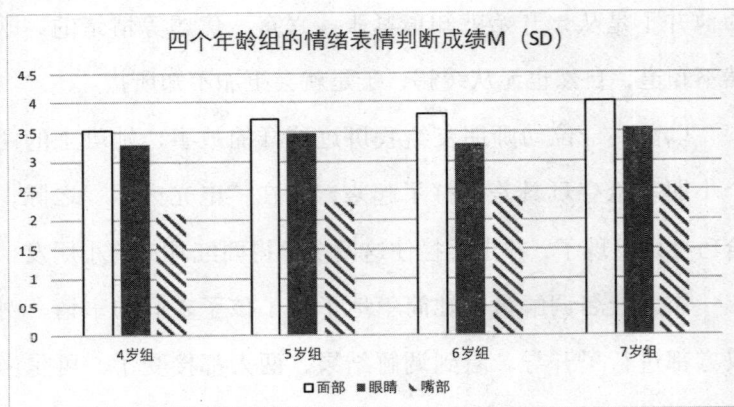

1. 帮助孩子将情绪粒度变小，让他认识更多的情感词汇

情绪粒度指的是一种分辨和定义情绪的能力。有关情绪的词语有很多，同种情绪也存在不同程度的区分，如害怕、惊恐、恐慌等。

一个人的情绪粒度越精细，他对情绪的掌控能力就越强。所以，在家庭教育中，家长应该让孩子尽可能多地学习情感词汇，帮助他将情绪粒度变小。

2. 形象化地理解情绪

对于年幼的孩子而言，情绪是一个相对抽象的概念，这也是为什么孩子往往很难准确识别自己的情绪。既然如此，在日常生活中，家长不妨试着让孩子采用形象化的表达方式对情绪进行描述。

例如，在《头顶上有鹦鹉的女孩》这本书里，作者就很巧妙地将情绪形象化——当孩子感到难过时，她的房间里就会出现很多狼，这里的"狼"就代表了悲伤、难过的情绪。通过形象化的比喻，孩子能轻松认识情绪，情绪表达和整理的难题也就迎刃而解了。

我们都希望孩子能够管理好情绪，成为情绪的主人。但是千万别忘了，管理好情绪之前，一定要先让孩子学会认识情绪。

◎ 孩子要有好脾气，但不能没脾气

很多家长很容易将儿童情绪管理等同于养一个"没脾气"的孩子，因为太多人习惯性地曲解"好脾气"的意思，错误地将其与退让、软弱挂钩。一旦出现这样的误解，孩子的情绪管理势必走向失败，因为一个"没脾气"的孩子只会慢慢变成没有底线的"老好人"。

不可否认，拥有一个高情商、好脾气的孩子，是每个家长梦寐以求的事情。但是，好脾气并不意味着一味克制自己的需求，一味消耗自己为别人好。如果你问：一个孩子完全没有过叛逆期是一件好事吗？我会肯定地回答：不是。

孩子适度懂事是好事，过度懂事就是家长和孩子的悲哀了。

9 岁的比比就是一个很懂事、没脾气的小女孩。她有一个小两岁的妹妹，妹妹经常弄坏她心爱的玩具，但是她从来没有发过脾气，只是一声不吭地把弄坏的玩具收起来，能修的修，不能修的就把"残骸"一起放进柜子里。

妹妹还曾撕坏她的作业本，她同样也没闹脾气，只是安安静静地用胶纸贴好。爸爸妈妈在教育妹妹的同时，也不忘夸赞比比："比比是个懂事的好姐姐，懂得让着妹妹。"

可是，这样的比比真的能健康成长吗？事实上，并不能！

一次，比比在学校里不小心摔伤了。在老师送她去医院的路上，她噙着眼泪问："老师，爸爸妈妈会不会嫌我不懂事，不喜欢我了？"老师感到很惊讶，因为在老师的印象中，比比的爸爸妈妈很疼爱她，可为什么比比会这么想呢？

后来，老师才知道，爸爸妈妈虽然疼爱比比，却一直要求她做个"懂事""好脾气"的孩子。长期压抑自己脾气的比比，变得越来越没有安全感，生怕自己会因不懂事和有脾气而被嫌弃。

蔡康永说过："爸爸妈妈对小孩来讲，最珍贵的是给他一个理想的环境，让他变成他自己，而不是变成我们要他变成的人。"同样，教育的目的不在于养成一个毫无脾气的孩子，而在于引导孩子明事理、懂是非，成为更好的人。

在教育孩子上，晓娟一直秉持"养一个有好脾气的孩子"的理念。

一次，晓娟带着7岁的果果在小区休闲区练习骑自行车。本来果果骑得正开心，此时同小区的张奶奶也带着孙子飞飞来了。飞飞看到果果在骑自行车，也闹着想要骑。本着邻里间维持和谐友好关系的想法，晓娟和果果商量了一下，决定让两个孩子一人骑一圈。

果果骑完一圈后，主动把单车停在飞飞面前，可飞飞骑上后却怎么也不肯下来。张奶奶一边乐呵呵地看着，一边跟晓娟解释，孩子没有自行车，就让他多骑几圈，反正果果下次也可以骑。

见飞飞骑了一圈又一圈，丝毫没有停下来的意思，果果瘪着嘴快要哭了，只好向妈妈求助。晓娟对他说："你想要回单车，自己想办法，妈妈不反对。"

于是，果果拦住飞飞，大声地对他说："你骑了太多圈，该轮到我了。"飞飞不情不愿地下了车，张奶奶却不乐意了，还怪果果不懂事。果果也不开心，就说飞飞不守信用，以后再也不把单车借给他了。这可把张奶奶气坏了，拉着飞飞就絮絮叨叨地走了。

果果有点儿心虚地看了看妈妈，生怕自己把事情搞砸了。晓娟却对果果竖起大拇指，这让果果吊着的一颗心终于落了地。

身为家长，可以要求孩子做一个好脾气的人，却一定不能将孩子养成没脾气的老好人。情绪管理并不是要求孩子完全磨灭脾气，只是要求孩子学会控制脾气、不乱发脾气。

要知道，完全没脾气对于孩子而言绝对是一种伤害，所以教孩子做一个有脾气但脾气好的人吧。

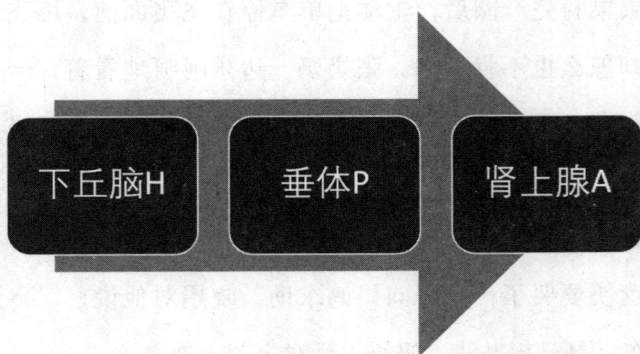

| 下丘脑H | 垂体P | 肾上腺A |

在应激状态下，外部刺激通过HPA轴影响植物神经系统及激素系统的重要功能

1. 做孩子发脾气的捍卫者

孩子为什么渐渐变得不会发脾气了？如果你细心观察一定会发现，这些孩子曾经也懂得发脾气，只是在他适度发脾气的时候，父母往往跳出来成为那只"拦路虎"。

有些家庭教育的弊病在于，不管青红皂白，先批评自己的孩子。在某些家长看来，这是一种自谦、客套，但其实对孩子来说，当他站出来发脾气捍卫权利时，家长却反过来当众批评他，这无疑是一种无形的伤害。久而久之，他便会不断退让。

所以，如果不希望把孩子变成一个没脾气的老好人，就不要随意批评发脾气的孩子，而是成为他发脾气的捍卫者，让他知道面对底线问题时有权利发脾气。

2. 教孩子"发脾气"

有句话说："好脾气不等于没脾气，只是不能随便发脾气。"培养一个好脾气的孩子，你需要的是教他怎样"发脾气"。

每个孩子都不是生来就懂得如何控制脾气的，这时家长就应该成为他的引导者，告诉他什么情况下可以发脾气，什么情况下不应该发脾气，帮助他建立发脾气的情境意识，引导他学会适度发脾气，而不是无理取闹，更不是大吵大闹。

其实，孩子发脾气的能力是习得性的。只有当家长在他幼年时及时引导，让他懂得什么时候可以发脾气，该如何发脾气，他才能真正成为一个好脾气的人。

在对孩子进行情绪教育时，先问问自己："养一个没脾气的老好人，真的是你教育孩子的目的吗？"如果你不希望孩子变得毫无底线、没脾气，就记得提醒自己：好脾气不等于没脾气，懂得适度发脾气不是一件坏事。

◎ 承认孩子也承受着各种压力

在快节奏的生活中，每个人都背负着各种压力。但是，我们却经常听到某些家长对孩子说："你一个小孩子哪有什么压力！"就好像压力是成年人专有的情感体验。殊不知，孩子身上也同样背负着这样那样的压力，在家长的忽视和武断下，这些承受压力的孩子始终得不到理解和疏导。

亲子教育专家分析，不管是成年人还是孩子，都有着不同的压力。对于孩子而言，他的压力通常来源于父母，可惜的是，父母并不自知——很多家长不知道他们对孩子过分关注或毫不关心，都会给孩子带来压力。

有位妈妈跟我说过这样一件事：才上小学的大儿子问上幼儿园的弟弟："你有没有觉得压力很大？"弟弟听得一脸懵懂，他根本不知道哥哥在说什么。于是，大儿子像个小大人一样深深地叹了口气，说："我的压力太大了！"

这让一旁的妈妈不由得偷笑起来，因为在她看来，孩子那么小能有什么压力呢？既不用承受工作压力，也不用面对每月的支出，只需要一心读好书就可以了。

当大儿子发现妈妈偷笑后很生气，扭头就跑回了房间，还喊着："妈妈是个坏人。"本来妈妈也没当回事，谁知道在接下来的好几天里，大儿子都闷闷不乐，怎么也不肯搭理她。

孩子的疏远让妈妈很难过，她思来想去，才觉得自己的那抹偷笑可能就"得罪"了孩子。于是，她认真地向大儿子道了歉，表示自己已经认识到小孩子也有很大的压力，请求大儿子的原谅，并推心置腹地跟他聊起来。一聊才知道，大儿子确实存在很多压力，刚上小学的他对陌生环境和新同学有着深深的忧虑。

很多家长觉得孩子年纪小，不懂得什么叫压力，很容易在不知不觉中成为给孩子施压的黑手。事实上，孩子的内心都很敏感，年幼的他无法很好地缓解自己的情绪压力。这样一来，背负沉重压力的他就会变得更加脆弱。这也是现在儿童心理问题频发、抑郁倾向显著的原因。

铭铭妈妈一直很困惑，为什么孩子今年才6岁却整天喊着"没意思"，究竟做什么才有意思呢？而且，孩子并不是随口喊着玩儿，而是频繁地将"没意思"挂在嘴边，上幼儿园没有动力，每天做什么都拖拖拉拉的。

妈妈只好每天督促着铭铭，跟他说要好好上幼儿园，将来好好学习，把同伴甩在身后才能出类拔萃。有时候，电视节目中报道优秀学生的时候，妈妈也会趁机将铭铭拉到电视机前对他进行教育，希望他能在耳濡目染下变得优秀起来。

一次幼儿园举办小竞赛，铭铭前去参赛。可是放学后，妈妈迟迟等不到铭铭出校园。这让妈妈很担心，找了半天才发现铭铭一直待在幼儿园的小操场上，躲着不肯走。妈妈仔细一问才知道，他在竞赛中没取得第一名，怕妈妈失望才不敢回家。

妈妈从来都没想过，才上幼儿园的铭铭竟然压力大到不敢回家的地步，这让她开始反思自己的教育模式：为什么明明是期望孩子变好，最终却让孩子的压力越来越大？

其实，孩子有压力不可怕，可怕的是得不到家长承认，无法得到很好的疏解。针对这种情况，你可以这样做。

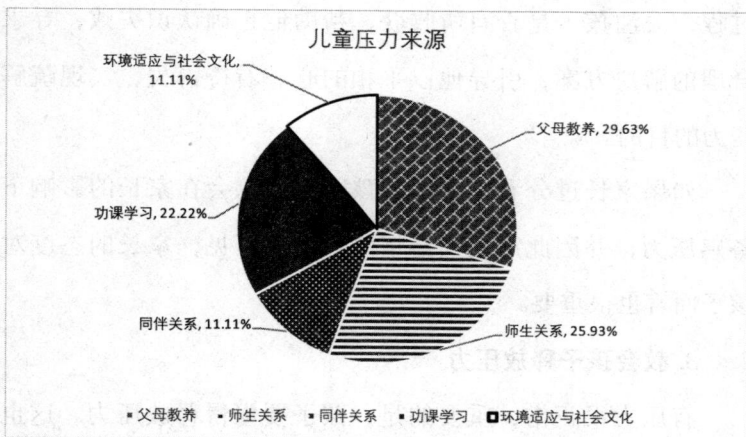

儿童压力来源

环境适应与社会文化 11.11%

父母教养, 29.63%

功课学习, 22.22%

同伴关系, 11.11%

师生关系, 25.93%

▪父母教养 ▪师生关系 ▪同伴关系 ▪功课学习 ▫环境适应与社会文化

1. 重视孩子的压力

很多时候，家长漠视甚至嘲笑孩子的情绪，导致孩子的压力越来越大，并且将内心封闭起来。久而久之，孩子的心理健康将受到严重影响。

因此，无论如何都不要轻视孩子的情绪变化，尤其是当他若有若无地表达自己的压力时，不应该一概而论地认为孩子没有压力，更不能嘲笑他的压力。最妥当的做法，是理解孩子的压力，积极与之探讨疏解压力的办法。

2. 通过陪伴减轻孩子的压力

首先，父母要转变观点，以平等的态度与孩子交流，多陪伴孩子，一起面对压力。其次，当孩子面临挫折时，家长不应该以旁观者的态度指责孩子，而应该将目光从结果转向过程，关注孩子是否有所收获，帮助他正确认识失败，寻求合理的解决方案，引导他以平和的心态看待得失，实现疏解压力的目的。

如果家长过分看重结果，孩子势必也会在家长的影响下备感压力，并因此产生焦虑情绪。由此可见，家长的态度对孩子而言也很重要。

3. 教会孩子释放压力

有压力很正常，重要的是，孩子要懂得释放压力。这也是家庭情绪教育中必不可少的一堂课。

我们要帮助孩子一起分析压力来源。例如，当他为某场考试感到很有压力时，是因为家长的期待，还是不自信或者准备不充足？只有了解压力的来源，才能对症下药。此外，如果繁重的学业压得他喘不过气来，他也可以通过劳逸结合的方式将自己从压力的环境下解脱出来。

疏解压力的方式还有很多，孩子可以多出去运动，也可以唱歌、涂鸦、踢球，甚至可以通过写日记、写信等方式释放压力。

只有家长承认孩子的压力，才能更好地帮助他疏解压力。

家庭应该是孩子的避风港，孩子面临压力时，最期待得到的是家庭的温暖和支持。所以，想要让孩子拥有无往而不利的勇气，帮助他学会克服困难，父母就一定要懂得理解、信任、关爱孩子。

◎ 别让孩子憋着"不开心"

生活中总是有着酸甜苦辣，所以才有这样一个词语：人生百味。

如果一个人让你觉得他一直很开心，只能说明他在不断压抑着不开心。家长都希望孩子过得幸福快乐，而且是发自内心的满足，而不是强装出来的开心。

孩子会向家长表达自己的不开心，但是由于种种原因，家长会忽略孩子的不开心，甚至不理解孩子的不开心。纵使孩子大哭大闹，家长只会责怪他不懂事。久而久之，孩子就会开始憋着自己的不开心。

不可否认，一个孩子如果没有那么多的不开心，家长会感到十分省心，不必忧心孩子的情绪问题，也不用费劲哄孩子。但当孩子彻底成为一个毫无不开心的人以后，问题就接踵而至了：有的孩子可能一直谨小慎微，说话办事都小心翼翼；有的孩子则与家长越来越疏远，什么事情都不跟家长交流。

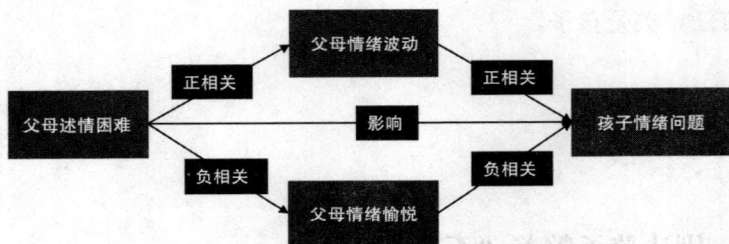

父母出现述情困难与儿童情绪问题的中介模型

朋友秀儿抱怨说，14岁的女儿跟她一点儿也不亲昵，与其他家庭的母女关系比相去甚远。很多事情，女儿都秉持"随你"的态度，没有特别喜欢的东西，没有非常热衷的爱好，也没有特别讨厌的东西，原本活泼可爱的女儿现在已经越来越让她琢磨不透。

当我问起她们的相处模式时，秀儿的抱怨戛然而止。她这才回忆起来，女儿以前也会跟她抱怨在学校的不开心，也会向她表达自己的不喜欢。当时她觉得人生在世总不能事事遂心，每次都会反过来教育女儿一顿，告诉女儿"忍"字头上一把刀，无论怎么不开心都要忍着，因为只有喜怒不形于色的人才能有大成就。

不知从什么时候起，女儿就变了，不再跟她交流事情，不管她说什么，女儿的态度都很敷衍随意。一开始，她觉得很满意，总算把女儿教导成一个"泰山崩于前而色不变"的好孩子。可是渐渐地，她发觉自己离孩子的心越来越远。

如果面对家人都需要佩戴假面，憋着自己的"不开心"，那么孩子该有多么悲哀。很多时候，在家长的影响下，孩子很容易对自己的不开心感到愧疚，认为自己不应该经常有不开心的情绪。但事实上，人生不如意十有八九，比逃避不开心更重要的是如何面对不开心。

李青的女儿玫玫今年上九年级，在父亲节来临之际，老师要求学生给家长写一封信，说说自己的心里话。

于是，李青收到女儿的一封信，内容大体是这样的：自己升上九年级以后压力很大，每天晚上都睡不着觉，不知道怎么办才好。还说，她每天都很不开心，又害怕自己的"糟糕表现"让爸爸妈妈失望，这样的生活真的很累。

看到女儿这样的说法，李青夫妇很惊讶，因为在他们看来，女儿每天简直没心没肺，怎么也不像一个压力很大、长期失眠的孩子。

看完女儿的来信，李青夫妇连忙与孩子进行了一次亲子谈心会。这次会议让玫玫收获颇丰，因为爸爸妈妈告诉她，她的担心和焦虑都是正常的，还教给她很多舒缓情绪的办法。最重要的是，爸爸妈妈还告诉：“不开心时不要憋着，要发泄出来，不能让这种不开心占据自己太多的时间。"

有些孩子不懂得如何解决自己的不开心，所以变得更加不开心和焦虑。尤其年纪尚小的孩子，更容易在处理情绪的时候出现迷茫和误区，这时就需要家长对他进行引导。

1. 让孩子懂得不开心是正常的，不要憋着

在日常生活中，家长要照顾好孩子的情绪和心理，多与孩子进行交流，引导孩子正确认识情绪，让他明白所有的负面情绪都有其来源和意义，它们是一种正常体验，不应该刻意回避。所以，当有了不开心的体验后，要承认它，但不要让自己沉浸在不开心的体验中太久。

面对孩子的哭闹和不开心时，家长不应该呵斥他，否认他的不开心。只有怀有包容和理解的态度面对孩子的不开心，孩子才能真正地解开心结，善于处理自己的不开心。

2. 寻找合适的发泄渠道

认识不开心后，更重要的是如何处理不开心的情绪。孩子一开始并不知道如何处理，他可能会大吵大闹、摔东西等。这些带有破坏性的行为或许能够一定程度上帮助他缓解不开心，但一旦养成习惯则后患无穷。

所以，当看到孩子产生这种行为的时候，家长应该第一

时间制止他，不能纵容。但要记住，在教育孩子的时候，我们并不是反对他觉得不开心，而是反对他以破坏性的行为舒缓不开心。同时，家长也可以带着孩子去运动、郊游、玩游戏等，帮助他找到舒缓情绪的方式。

当家长有了不开心的情绪体验时，也要牢记做好榜样，不能憋着，也不要采取破坏性行为来舒缓情绪，避免孩子效仿。

不开心，并不是否认和回避就能打消的。

孩子对情绪的处理能力有限，家长应该对他进行合理引导，让他认识到不开心是正常的，不要让他委曲求全地憋着自己的不开心。

我们希望孩子拥有发自内心的开心和快乐，而不是强装出来的。与其如此，倒不如让孩子尽情地发泄自己的不开心。

◎ 说出感受也是一种情绪管理

教孩子学会情绪管理很重要，而且这样做并不难。其中，最重要的一门课就是让孩子学会说出内心的真实感受。如果一个孩子不会表达感受，那是无法做好情绪管理的，因为他只能把感受放在心里，很难进行转化。

人脑存在意识和潜意识。其中，潜意识指的是人们发自内心的感受与需求。相较于意识，潜意识虽然更隐蔽，却总会在不知不觉中影响着我们的言谈举止。

因此，当人产生了不良感受时，最好的办法是把感受说出来，避免它化为潜意识让局面变得糟糕。如果能够具体地描述感受的前因后果，就可以遏制不良感受转化为负面情绪。

一次交流中，洋洋妈妈跟我们分享了一件"神奇"的事情。

有一次，她带着8岁的洋洋去逛超市，洋洋看中一辆玩具车，想买却被她拒绝了。当时洋洋没说什么，只是闷闷不乐地低下了头。等回到家后，他实在忍不住就号啕大哭起来。

平时看到洋洋哭闹时，妈妈总是及时安慰他，但每次都没有结果，最终她与洋洋爸爸只能以妥协来换取洋洋不哭闹。这一次，她决定跟孩子好好聊聊。她问洋洋："你哭闹，是因为妈妈没有给你买那辆玩具车吗？"洋洋没有回答，但是从他细微的表情里，妈妈确认自己的推测是正确的。

她接着问："你是因为觉得遗憾、失望，又有点儿生气，所以才哭的，是吗？"洋洋皱起眉头，这时他的哭泣已经渐渐停了下来。因为听了妈妈的话，他开始思考自己到底为什么会哭。

想了一会儿，他已经忘了哭泣，反倒主动跟妈妈说出自己的感受："我太喜欢那辆车了，可是你不给我买，我很难过。"得到洋洋的答案，又看到他的情绪已经平息下来，妈妈很满意，开始认真地告诉他为什么不买那辆玩具车。

平静下来的洋洋认真地听着妈妈的理由，而不像平时一样哭起来就不管不顾。

听了洋洋妈妈的分享，几位妈妈纷纷讨论开来，她们都有过类似的经历——当孩子能够把自己的感受说出来以后，他的情绪也就得到平复，不再像原来那样哭闹难哄了。

很多时候，孩子哭闹只是为了让自己的需求被家长看到，而家长往往只顾着哄孩子，不深究孩子闹脾气背后更深层次的感受。当孩子能够说出自己的感受时，他就知道自己的需求和感受被爸爸妈妈"听见"或"看见"了，情绪也就渐渐平复，最开始引起他不良感受的因素反而变得不那么重要了。

在家庭教育中，我们不仅要求孩子能够说出自己的感受，同时也要求每个家长能够敞开心扉对孩子说出自己的感受。因为感受并不是你避而不谈就不存在，很多时候即使你不说出来，孩子也能感觉到你的开心和不开心。这时候，如果你不加以解释，孩子就可能因此而胡思乱想。

妈妈在教育姚遥的时候，总秉持不能生气、不能发火的立场。所以，每次姚遥犯了错，妈妈即使很生气，也会不断压抑自己的脾气，耐着性子跟姚遥沟通。

可是妈妈不说自己生气了，姚遥就不知道吗？并不是，妈妈虽然没有明显地发脾气，但是她周身散发的气息却让姚遥感受到妈妈的不满。可是妈妈越是不说，他就越不知所措，因为他不知道妈妈为什么不高兴，也不知道自己到底哪里惹到了妈妈。

于是，他不断自责、胡思乱想，心理压力越来越大，就变得越来越自卑。后来，有时候妈妈工作不顺心而脸色阴沉的时候，他也会感到很有压力。因为妈妈不说，所以他仍旧不知道妈妈的不高兴并不是因为他，而是因为其他事情。

妈妈不说，姚遥也不说。这对母子中间就像隔着一条深深的沟壑，谁也跨不过去。可这并不是妈妈的本意，她是不希望自己的负面情绪波及孩子。殊不知，孩子还是因为她的不开心而不开心，并因为她的不表达而不敢问。

说出感受也是一种情绪管理，它是家长和孩子的必修课。只有掌握好这门课，家长才能够更好地做好情绪管理，并帮助孩子学会情绪管理。

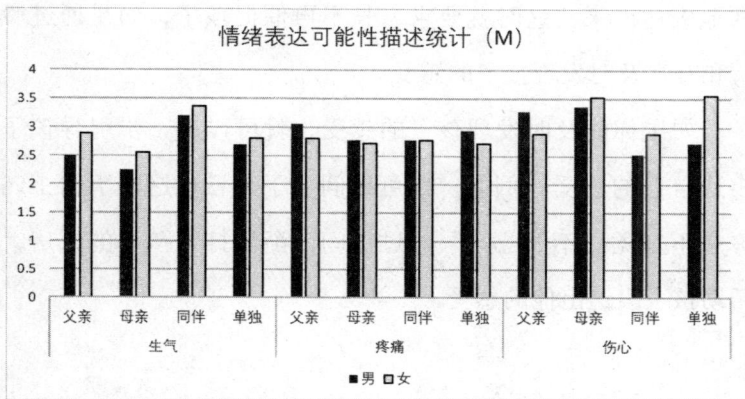

情绪表达可能性描述统计（M）

1. **当孩子说出感受时别急着否定，而要换位思考**

如果孩子向你说出他的感受，这代表他对你十分信任。这个时候无论你觉得孩子的感受多么毫无道理，也不应该急着否定。

孩子眼中的世界，跟成年人眼中的世界有着很大的差异，有些细微的事情在他看来可能比天还大。所以，越是如此，我们就越要换位思考，尝试理解孩子的感受，而不是一味地否定他。

过于武断地否定孩子的感受，可能会导致孩子对你的信任崩塌。

2. **聆听和观察，是你发现孩子感受的利器**

当孩子出现不良感受时，部分家长可能会急躁地要求孩子表达自己的想法，但是因为种种原因，孩子有时候不能顺利地表达出来，这时就要求家长不再催促孩子，而是通过聆听和观察及时发现孩子的感受。

如果你能及时发现孩子的感受，就可以进一步引导孩子表达自己的感受。例如，你可以问孩子："在这件事情上，你是不是觉得不开心？"通过提问，渐渐打开孩子的心房，帮助孩子表达出他的感受。

不要小看感受的意义，它可以帮助孩子了解内心，发现自己的需求。

如果一个孩子能够好好地表达自己的感受，可以说他的情绪管理已经迈上一个新台阶。相反，如果他无法很好地表达自己的感受，可以说他的情绪管理已经失败了一半。

○
○
○

/ 第四章 /

沟通管理：帮助孩子学会如何说

○
○
○

◎ 很多时候，沉默不是金

一直以来，社会上都流行着"沉默是金"的座右铭，但是它并不适用于幼儿身上。事实上，没有一所幼儿园或小学低年级的小朋友不喜欢热闹，叽叽喳喳地表达自己才是大部分孩子的天性。既然如此，家长怎么能够总是要求孩子长期安静地坐着呢？

可惜，在家庭教育中，很多家长总会过度强调"沉默是金"。例如，当父母谈事的时候，孩子在一边大声喧哗，有的家长会怒斥孩子"闭嘴"；又或者当孩子频繁地提出"为什么"时，父母可能会不耐烦地打断他的提问。

不可否认，父母这样粗暴的沟通管理对孩子无疑是一种伤害。

堂妹的女儿小蝶原本是个活泼可爱、好奇心很强的孩子。每次小蝶跟妈妈出门的时候，她总喜欢叽叽喳喳地问个不停："天空为什么是蓝色的呀？""这只小鸟名叫什么呀？""为什么晚上的天上会有星星呢？" "小草为什么是绿色的？"

这些问题，问得堂妹头皮发麻。心情好的时候，堂妹还会回答一两句；问得多了，堂妹就喜欢以一句"话多"堵住小蝶的嘴。

起初，小蝶虽然被训得眼泪汪汪，但是转过身很快就忘了，又会叽叽喳喳地问个不停。但是，随着堂妹说的"就你话多"越来越多，语气越来越差，长大的小蝶也渐渐开始"长记性"了——原来喜欢问问题的她，变得沉默起来。

堂妹因此就开心了吗？其实并不，堂妹的烦躁很多时候并不在于有没有小蝶的问题，呵斥小蝶"闭嘴"往往也只是因为当下心情烦躁。随着小蝶越来越沉默，堂妹的心也越来越焦虑："女儿怎么变得这么孤僻了呢？"

事实上，孩子的转变通常与父母的教育方式有着极大的关系。我们不应该是培养一个沉默的孩子，而是培养一个快乐健康的孩子。要知道，孩子终究是孩子，他对这个世界充满困惑和好奇，提问、表达都是他累积知识和经验的过程。

一个幼师朋友给我讲过这样一个例子。她班上有个"沉默"的男孩子名叫远远，上课的时候总能认真听讲，可是每次点名让他回答问题，他都会沉默以对。

家访的时候，幼师朋友从远远父母那里了解到，远远最开始并不是一个沉默的孩子，遇到有趣的问题也喜欢说上两句。但每每说错的时候，家长总会厉声批评他，让他不要乱说话。久而久之，他就越来越不敢表达，因为总担心自己会说错话，害怕听到家长的批评。家长还以为孩子变得越来越沉稳了，却没想到他是变得越来越怯懦，越来越不敢表达。

沉默，对于孩子而言从来都不是金，要求天真烂漫的孩子保持沉默，反而容易遏制他的天性。长此以往，孩子的表达能力会受到限制，性格养成也会受到很大的影响。可惜的是，大部分家长在教育孩子时总会走入误区。

杜绝以"沉默是金"绑架孩子的表达权，你要从这些方面做起。

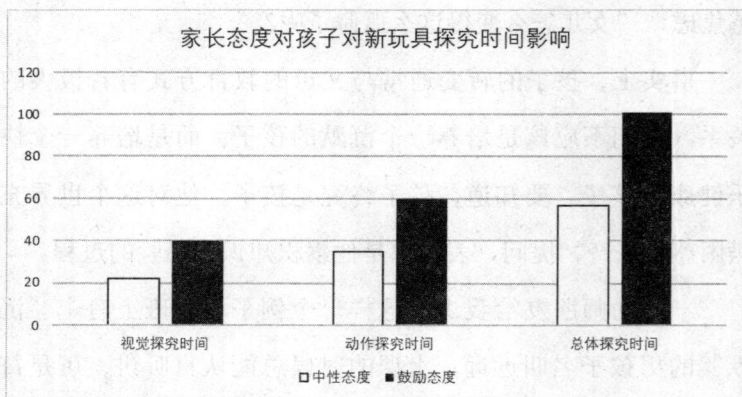

家长态度对孩子对新玩具探究时间影响

视觉探究时间　动作探究时间　总体探究时间

□中性态度　■鼓励态度

1. 不要对孩子说"闭嘴"

或许你并不知道，"闭嘴"这句话对孩子的伤害有多大。

当孩子正兴高采烈地表达自己的想法时，你突如其来的一句"闭嘴"，就犹如在热铁上浇了一盆冷水，很容易打压孩子表达的积极性。久而久之，孩子就会变得厌恶表达。如若再加上不良的语气，孩子的表达欲望会受到更严重的打压。

从现在开始，戒除"闭嘴"这句话。当确实遇到孩子在不恰当的场合大声喧哗的时候，请温柔地提醒他："这样大声说话会打扰到别人，我们回家再说吧！"当孩子的提问超出你能回答的范畴，你也可以和他说："我也不太清楚，我们一起查阅资料，好吗？"这样做，不失为一次良好的亲子互动机会。

2. 不要轻易打断孩子的表达

无论孩子的言论在你听来有多么荒谬，千万不要在孩子表达自己想法的时候打断他。

孩子的内心十分敏感，父母的言谈举止会在他的心里留下深深的烙印。当他积极表达自己的时候，如果遭遇父母的打断，无论是为了提建议或是反驳，他的内心都会滋生不满的情绪。慢慢地，他就会对父母产生失望的情绪，进而对父母的话产生逆反心理，开始逐步切断与父母的沟通。

这一幕，一定是每位家长都不希望看到的。无论怎样，家长最好先耐心地、完整地听完孩子的话，然后再与孩子进一步交谈。

喜欢说话是大部分孩子的天性，千万不要让"沉默是金"成为孩子表达的枷锁。不要等到某一天，孩子不再愿意与你交流的时候，你才开始后悔莫及。

◎ 非暴力沟通是从小养成的好习惯

生活中，很多人可能没有学会如何与别人好好沟通。

近年来，沟通越来越成为人们关注的核心，如何更好地与他人有效沟通是困扰许多人的难题，"非暴力沟通"就日益成为一项热门课题。事实上，如果孩子能够从小学会非暴力沟通，他将少走许多弯路。

一次，我在给孩子们上自我管理课时，见过这样一个小朋友，这里就称呼他为小佟吧。当时他才 10 岁，但是在沟通方面展现出惊人的情商。那一次，我恰巧旁观了他和妈妈的一次冲突。

课间休息时，妈妈和小佟商量着下课后去走亲戚，并打算把他的玩具汽车送给亲戚家的孩子。

当时我就看到小佟皱起眉头，显然他是不会同意的。我本以为他会大哭大闹，正准备帮他劝阻家长时，却不想，他像模像样地跟妈妈说起来，并且有理有据："这是我最喜欢的玩具汽车，是姑姑送给我的生日礼物，平时我都舍不得玩儿，如果你把它送给别人，我会很难过的！"

妈妈听了小佟的话也觉得有道理，就打消了把玩具汽车送人的念头。这时候，小佟又说了一句让我们几个大人都很吃惊的话："我有一个机器人可以送给小南弟弟。"

事情最终得到圆满解决：他心爱的玩具汽车不能送人，不过可以把机器人送给对方。

整件事从发生到解决，小佟的沟通方式甚至比部分成年人更成熟。我向小佟的父母讨教教育方法的时候，他们神秘地告诉我："这就是从小养成的'非暴力沟通'法则。我们不限制孩子表达自己的意见，但最重要的是让孩子用恰当的方式进行表达，拒绝无理哭闹。"

其实，我们可以仔细回忆一下自己与别人的沟通过程。有些人客观理性，往往能取得双赢的结果；有些人在沟通过程中加入了过多的主观因素，甚至经常在情绪的支配下使事情走向偏激。

不久前，我与几个好久未见面的朋友聚会，其中一个妈妈带来了 7 岁的儿子彬彬。席间，妈妈给彬彬夹了一块红烧肉，谁知彬彬却因为口味不喜欢而闹起意见——他把碗筷一摔，扭过脸，嘟嘟囔囔地直接离席了。在他离席的时候，还顺脚把椅子踹倒。凳子砸在另一位朋友的脚上，疼得对方倒吸一口凉气。

彬彬妈妈只好一边向那位朋友赔礼道歉，一边去哄彬彬。

对于小孩子闹脾气，身为朋友的我们自然不好直接批评，一时间，聚会的喜悦变成满满的尴尬。后来，彬彬妈妈告诉我们，彬彬原本不是这么不懂事的，后来可能被宠坏了，稍有不顺心就直接出口伤人，还经常脏话连篇，自己现在都不知道应该怎么去教育彬彬了。

显然，彬彬的行为是一种暴力沟通的典型表现。遇到不顺心的时候，他的第一反应不是去沟通、解决问题，而是用暴力手段发泄自己的不满。到最后，事情充其量只是被搁置，却不会得到解决。长此以往，等到长大了，他也就逐渐丧失"非暴力沟通"的能力。

仔细回忆一下，有多少成年人在沟通的时候总会"伤人"，这种"伤人"其实就是因为他们的"暴力型沟通"。要想培养孩子的"非暴力沟通"能力，你可以这样做。

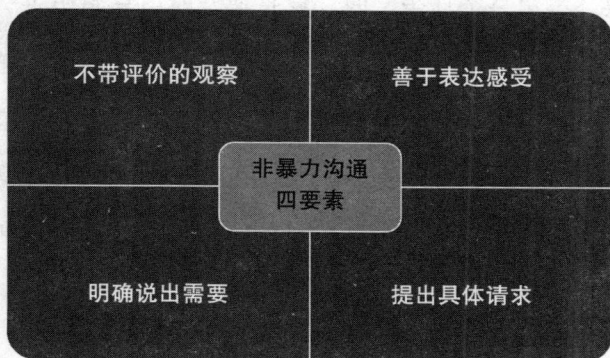

不带评价的观察　　　善于表达感受

非暴力沟通
四要素

明确说出需要　　　提出具体请求

1. 套公式（*X*+*Y* 表达法）表达自己的不满意

很多时候，低效沟通是因为我们在表达的过程中缺乏语言逻辑，无法精确表达自己的意见。

在培养孩子"非暴力沟通"能力的时候，家长可以尝试先让孩子用"套公式"的方法表达自己的意见，即 $X+Y$ 表达法：因为 X 原因，我感到 Y。例如，妈妈可以这样引导彬彬：因为妈妈给你夹了不喜欢吃的肉，所以你觉得很不开心，但不能当场摔摔打打来表达。

2. 引导孩子把心里话说出来

当我们感觉到孩子不开心时，有义务引导他说出自己心里的感受。

这里的"说出来"，不仅是浮于表面的感受，而是引导孩子表达自己的需求。例如，当玩具被弟弟抢走，姐姐向家长抱怨"弟弟是个坏蛋"时，家长要及时引导姐姐进一步表达。因为简单的"弟弟是个坏蛋"只是她浮于表面的感受，她的内心对这件事还会有其他期望。例如，她可能希望弟弟在拿走玩具时征求她的意见，或者拿走玩具后懂得爱惜等。

只有引导孩子学会表达自己的需求，"非暴力沟通"才算得上成功，事情也才能得到合理解决。

生活中，80% 的问题是沟通失误而导致的，"非暴力沟通"就是教我们如何高效合理地沟通。这是每个孩子都应该从小培养的能力。

作为家长，引导孩子学会"非暴力沟通"，可以帮助他拥有更顺畅的沟通之路。

◎ 学会拒绝，能让孩子的社交更有意义

在孩子的成长过程中，我们教给了孩子很多知识、美德，却忽略了教给孩子懂得"拒绝"。不懂得拒绝的孩子，真的快乐吗？不懂得拒绝，究竟会给孩子带来怎样的伤害呢？

仔细留意网上近年来关于"讨好型人格"的讨论，就会发现，许多"讨好型人格"的人并不快乐，他们往往都有一个相同的特点：不善拒绝。拒绝不合理的要求对他们来说太难了，接受这些要求同样是一件不快乐的事情。双重压力下，"讨好型人格"的人只能不断消耗自己，为别人付出。

身为家长，不妨扪心自问，难道你们希望自己的孩子变成这样吗？

前段时间，李丽发现平平偷拿了家里的钱，她很生气，但好在很快就冷静下来：平平偷钱一定是有原因的，她要把这个原因找出来。于是，她把平平叫到身边，语气平和地说："妈妈已经知道你偷钱的事情了，希望你能给妈妈一个合理的解释。"

平平支支吾吾了好半天，才说班上另一个小朋友要求他交"保护费"。他不知道该怎么办，又不敢跟爸爸妈妈说，这才决定悄悄从家里拿钱。

敢偷钱，却不敢拒绝同学的不合理要求，平平这一行为的背后，其实是李丽夫妇教育的失败。

原来，平平从小到大接受的都是过度自省型教育。在李丽夫妇看来，平平经常与其他人有争执，很多时候是因为平平的错，所以平平总会受到家长的批评乃至惩罚。在这样的教育下，平平开始变得怯懦，害怕与同学发生矛盾，于是就出现了上面那一幕——有同学向他收取"保护费"，他宁可偷钱也不敢拒绝对方。

李丽夫妇的本意是教育平平做个和善、友爱的好孩子，可是事情为什么会变成这样呢？很显然，他们在教育孩子的过程中忽略了最基本的是非黑白，也忽略了怎么教育孩子去拒绝——无差别认错的结果，就是导致孩子的认知出现混乱，他慢慢地倾向于认为什么事情都是自己的错，连合理的拒绝也是错的。

无独有偶。我同事的孩子美美也不懂得拒绝。美美的不懂拒绝，体现在她总喜欢"掏空"自己去帮助别人——同学请她帮忙值日，她想都不想就同意了；出去郊游，同学让她帮忙背书包，她毫不犹豫就扛起了同学的背包。

乍一听，这些帮忙好像并没有特别不妥的地方。但实际情况是：放学后美美已经很饿了，却还是要坚持留在教室帮同学做值日；出去郊游，美美自己也背了书包，却还是坚持帮同学分担对方的书包。

当知道美美宁可委屈自己也不愿拒绝同学，你是否还会觉得美美的"乐于助人"是件好事呢？

这一切都错在家长没有对孩子做好"学会拒绝"的教育。

当一个孩子不懂得拒绝别人，他的童年乃至未来都可能会被自己的"不善拒绝"搅得一团糟。

那么，如何为孩子上一堂"拒绝"课呢？

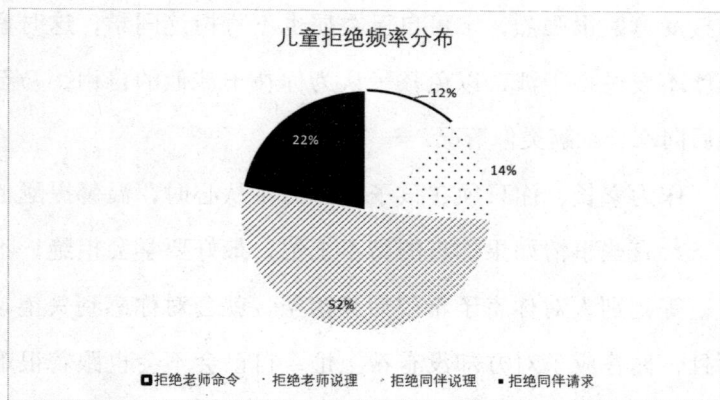

儿童拒绝频率分布

12%

22%

14%

52%

■拒绝老师命令　·拒绝老师说理　·拒绝同伴说理　■拒绝同伴请求

1. 会拒绝首先要分辨是非

父母首先要教会孩子分清是非，在原则性问题上，无论如何都要求孩子必须学会拒绝，不能因为一时好意或怯懦而答应别人的要求，否则可能抱憾终身。例如，平平遇到的就属于原则性问题，再遇到这种事情时一定要坚决拒绝。

当然，为了保障孩子的人身安全，父母千万别忘了告诉孩子，他可以如何保障自己的安全：遇到"小霸王"的欺负，要及时告诉家长和老师。并且，告诉孩子：爸爸妈妈和老师都是你的避风港，是你的超级英雄。

2. 拒绝的同时还要学会取舍

对于那些无关原则性的问题，家长可以先引导孩子对事情进行衡量：他更愿意接受，还是更倾向于拒绝。如果孩子的接受意愿很强烈，宁可自己委屈也不肯拒绝同学，这时家长就不要过多干涉，以免孩子认为你在干涉他的自由，乃至以后向家长隐瞒类似情况。

作为家长，你只须在孩子稍显力不从心时，温馨提醒他一下：有些事情如果你真的帮不上忙，最好要学会拒绝！不然，等到别人对你寄予希望后又落空，就会对你感到失望。而且，你答应了对方却没有帮上忙，自己会不会也跟着很难过呢？

听了你的温馨提示后，如果孩子仍然坚持不肯拒绝，你也大可让他受到一些挫折，或许他慢慢地就会学着拒绝别人了。所以，家长最重要的是让孩子知道，他有权利拒绝别人的要求。

懂得拒绝，是孩子在人际关系中极其重要的课题之一。让孩子学会拒绝，才能帮助他构建更有意义的社交生活。

◎ 诚实的孩子是信任造就的

很多家长经常会问，孩子总骗人怎么办？

每位家长都希望拥有一个诚实的孩子，诚实教育往往贯穿孩子教育的始终。小朋友甲主动承认摔碎了花瓶，小朋友乙承认折断了对方的彩笔等，但事与愿违，还是有很多孩子在某些时候会选择撒谎。

这样的情况，可能会导致家长陷入深深的自我怀疑：难道是诚实教育出了问题，要不为什么孩子总是撒谎？

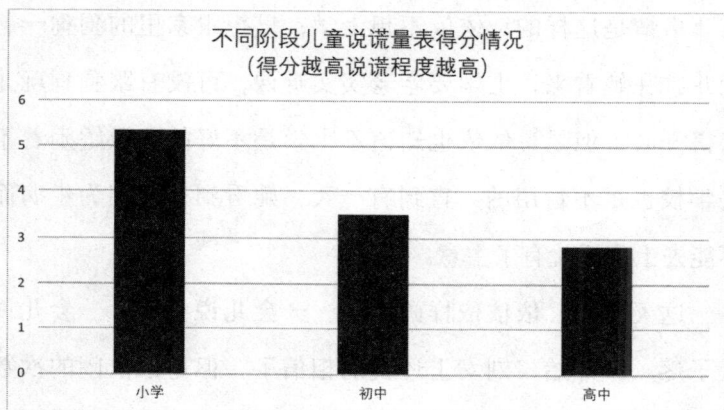

不同阶段儿童说谎量表得分情况
（得分越高说谎程度越高）

首先，父母要明白，孩子撒谎也是分阶段的。3岁以前，孩子的不诚实往往源于他的是非观尚未形成，意识还不够清晰。换言之，3岁以下的孩子不知道自己是在撒谎，可能他早上刚说完的谎话下午就忘了——对于一些事情的错误描述，也是因为他记忆不清。在这种情况下，孩子很容易被家长误认为"撒谎"。对此，家长需要对孩子的是非观与认知进行引导，带领他修正错误认知。

3岁以后，孩子开始有了自我认知。这时候，他的撒谎往往带有目的性和主观意识。

刘女士的女儿依依今年8岁，因为只有这么一个独女，她的一颗心都扑在女儿身上，把女儿的饮食起居照顾得无微不至。可是她万万没想到，依依竟然开始对她撒谎了。

事情是这样的：依依不想上学，只想跟家里的狗狗一起玩儿。在她看来，上学要老老实实听课，可没有跟狗狗玩儿来得开心。但是，依依也知道不上学是不好的，撒娇闹着不去学校也是不管用的。直到有一天，她看到爸爸因为生病而不能去上班后就有了主意。

这天早上，依依依样画葫芦，一会儿说头疼，一会儿说肚子疼。一开始，刘女士还真的相信了，但是依依闹的次数多了，她就发现其实是依依在装病。这该怎么办才好呢？教训一顿怕吓坏了女儿，顺其自然装作不知道又怕女儿学坏。

想必这也是许多家长面临的困境：孩子撒谎究竟该怎么办才好？脱离传统的诚实教育，我更想告诉各位家长：在诚实教育中，信任比什么都管用。

之前，我去外甥女落落家做客，赶巧她刚考砸了一场小测试。当着我的面，她主动把试卷交给妈妈，低垂着头等待一场"暴风雨"。

因为有我在场，"暴风雨"并没有降临。落落妈妈让落落当着我的面，讲讲自己测试后的反省小结，并告诉她以后要汲取经验教训。落落做完反省小结后，就溜到我的身边坐下。

我逗她说："落落，你还有什么心得要跟舅舅分享的？"

落落小声对我说："其实，爸爸妈妈不知道这次小测试。但是我想了想，爸爸妈妈那么相信我，我可不能做个撒谎的坏孩子。舅舅，你说我是不是很懂事？"

我确实没想到落落会有这样的感悟。原来，好多家长寻求了那么久的"治撒谎"良方，其实就是信任。

很多时候，我们诚惶诚恐，害怕被孩子欺骗，却忘了，如果我们给孩子信任并让他感受到，或许就可以遏制谎言的产生。

"你能欺骗到的都是信任你的人"，这句话放之四海皆适用。孩子虽小，只要你肯讲透道理，他未必真的那么"不懂事"。那么，如何用信任教育出一个诚实、不撒谎的孩子呢？你可以这么做。

1. 告诉孩子，比起犯错，你更在意他的故意欺骗

孩子的故意欺骗，往往始于害怕被父母批评或者令父母失望。所以，要想养育一个诚实的孩子，你要给他灌输这样一个观点：每个人都会犯错，爸爸妈妈不会因为一次错误而否定他，对他失望。但如果他撒谎，那就是错上加错，爸爸妈妈会为此感到伤心难过，因为他居然欺骗了最信任他的人。

引导孩子对犯错后果和撒谎后果对比，让他自己发现，撒谎不仅不能让他少受批评，还会让最信任他的父母感到失望。

2. 即使孩子撒过谎，也要相信他

面对孩子撒谎时，有的家长容易出现"一朝被蛇咬，十年怕井绳"的心理。其实，这无论对家长或是孩子都是一种伤害。

孩子犯错在所难免，撒谎是他成长过程中难免会出现的一种行为，所以不要因为孩子的一次小欺骗就彻底否定他。相反，你在严肃批评他的同时，也要温和地告诉他，犯了错不要紧，记住下次别再撒谎就行了。

在以后的生活中，家长一定不要再提孩子曾经的欺骗，孩子感受到你的信任后，就会渐渐摒弃"撒谎"这一坏习惯。

其实，每个孩子的内心深处都渴望得到父母的认可和信任。一个习惯性欺骗别人的孩子，通常都有一对不信任他的父母。如果你希望孩子要做个不撒谎、诚实的人，就要相信他。

◎ 孩子与你争执，有时候并不是坏事

在人际交往过程中，总会有各种各样的争执，因为人和人之间有着不同的意见。亲子关系中也是如此，父母与子女之间也有着各种不同，或者说存在着"代沟"。"代沟"，往往就是亲子矛盾的来源。

相信家长都不希望自己与孩子产生矛盾，更不希望发生争执，因为这会让家长感到难过：为什么我和孩子不能友好相处呢？

事实上，有些时候，孩子与家长争执并不是一件坏事，

它是孩子在发表与家长不同的看法，表达自己的主见。

郭先生最近经常跟 7 岁的儿子郭阳吵架，这让他很苦恼。难道孩子的青春期提前到了？怎么总喜欢跟大人顶嘴呢？

这天，父子俩又吵了起来，起因是家里有重要客人即将来访。郭先生忙前忙后准备水果、茶水，转身看到郭阳正盯着电脑，他马上怒火中烧，把郭阳骂了一顿，内容无非就是围绕儿子喜欢玩电脑、不懂事、没出息等展开。

郭阳一听爸爸的指责，当即就反驳说："我长大了，有权利做自己喜欢的事情，而且我用电脑是在查学习资料，不是玩游戏，你实在太冤枉我了！"眼看父子就要爆发一场大战，还好此时门铃响了，是客人到了，双方才草草收场。

郭阳跟客人打了声招呼，就带着怨气躲回房间。郭先生则心里暗自嘀咕："这孩子，真是越大越不懂事了！"

父母与孩子之间的"战争"并不少见，像郭家父子这样的争执更是家常便饭。从旁观者的角度来看，郭阳在这件事情上并无十分不妥之处。但在郭先生看来，他与儿子的争吵让他很难过——孩子越大越不懂事了。

避免这样的"战争"，最好的方法就是让孩子多说话。我们教育孩子，不是为了让他成为唯唯诺诺、唯命是从的木偶，而是把他培养成一个高情商的人。

与郭先生不同，张女士苦恼的是儿子小光太听话了——
小光从来不争取什么，也不发表意见——张女士让他往东，
他绝不往西。他们之间从来不会发生任何争吵。

这样的孩子，似乎是每个家长都渴望拥有的。但张女士
内心知道，这样的孩子其实一点儿也不好。

有一次，小光想向妈妈要报名费参加一个比赛。当时张
女士正在忙，也没细问是什么比赛，只是考虑到期末考试将
至，就拒绝了儿子的请求，让他好好学习。虽然小光当时情
绪有些低落，但是也没有再争取。

后来，张女士才知道那是全市的物理竞赛。孩子错失一
次竞赛机会，让张女士很后悔，她问小光为什么不争取，小
光低着头就是不说话。这样的态度让张女士更加生气：这孩
子为什么没有主见，不懂得争取呢？

不可否认，很多家长很注意避免与孩子发生矛盾，害怕
因与孩子争吵而影响了亲子关系。但是，当你看到张女士和
郭先生这两个案例时，相信你的心里也有了抉择。

究竟是要一个没有主见的孩子，还是要一个勇于表现自
己的孩子呢？其实，你大可不必固执地把孩子的辩解当作无
理取闹，不要因为孩子争辩而批评他，也不要为了爱而拒绝
与孩子争辩。

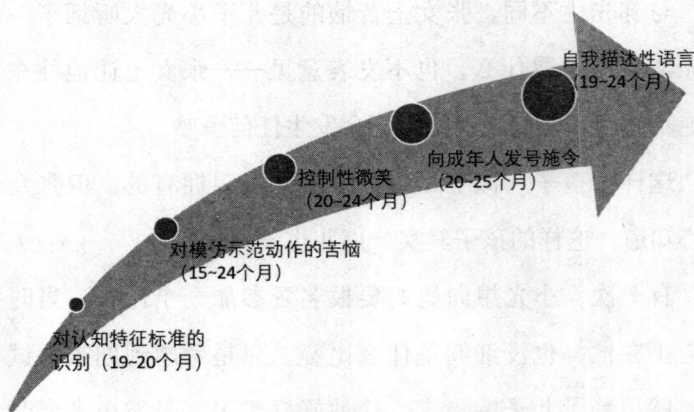

自我描述性语言
（19~24个月）

向成年人发号施令
（20~25个月）

控制性微笑
（20~24个月）

对模仿示范动作的苦恼
（15~24个月）

对认知特征标准的
识别（19~20个月）

关于儿童自我形态萌芽5个指标

1. 引导、鼓励孩子表达自己的看法

如果你也有张女士那样的困扰，不用担心，只要你保持足够的耐心，多问孩子"为什么""你怎么想的"，引导孩子把内心深处的真实想法表达出来。

然后，你再把自己的观点以温和的语气讲给孩子听，问问孩子有什么看法，不强制孩子接受。还可以鼓励孩子用发散性思维对你的言论发表看法，以此培养孩子的主见。

2. 争辩要就事论事

争吵的可怕之处并不在其程度多么激烈，而在于争吵过程中不能做到就事论事。这是许多人（包括大人）的通病，矛盾爆发，情绪到达极点的时候，就很容易"翻旧账""人身攻击"，这些都是不良争吵。

　　良好的争吵，应该立足事情本身来发表自己的看法。所以，家长教育孩子的时候，一定要让他知道，争吵可以，但一定要就事论事，一旦争吵范围出现蔓延要及时提出并纠正。家长也要以身作则，坚决不扩大对某件事的争吵范围。

　　明智的父母势必不会把自己的观点强行灌输到孩子身上，相反，他们会给孩子发言的机会，为孩子创造良好的争辩环境。在宽松、公平的沟通氛围下，以道理征服孩子，同时也能"大度"地以被孩子的道理征服为荣。

○
○
○

/ 第五章 /

资源管理：教孩子如何处理
　　　　自己所拥有的东西

○
○
○

◎ 爸爸妈妈也是孩子的资源

　　"独立"的话题说多了，很多父母就会很容易忘记这样一件事——"父母也是孩子的资源"。我们频繁地要求孩子独立自主的同时，却不断地以"独立"为名剥夺孩子求助的权利。这种美其名曰"独立"的行为，其实也是一种伤害。

　　可能你会问，要求孩子学会独立难道有错吗？

　　是的，要求孩子独立并没有错，错的其实是认知。现代教育理论强调，家庭和父母是孩子温暖的避风港，在这个避风港里，孩子有权向父母求助，这与孩子是否独立无关。对于心智尚未成熟、社会阅历与知识储备不够丰富的孩子来说，父母的帮助和建议有着举足轻重的作用。

　　如果一个孩子的求助长期遭到父母拒绝，他就会慢慢地对父母产生强烈的"不信任感"，且从亲子关系开始，逐渐蔓延至他的整个社交关系。

　　我们知道，人是社交动物，怀揣满满的"戒备""不信任感"与他人相处，不仅举步维艰，而且容易影响心理健康发展。

一次，我在朋友霍佳家做客，恰巧旁观了她与 15 岁的儿子雷雷的"大战"。原来，霍佳意外得知雷雷周末经常出去派发传单赚外快，为的是给小伙伴准备生日礼物。霍佳怎么也想不明白，雷雷需要用钱为什么不肯跟家里人说。

其实，这不是雷雷第一次向父母隐瞒需求了。霍佳叹息道："这孩子遇到什么事都不肯跟我们说。"后来，我细细了解了雷雷的成长，才发现这一切都是家长酿成的苦果。

以前，雷雷事无巨细地向家长汇报的时候，霍佳总会将他训斥一顿，指责他不够独立。不知道从什么时候起，雷雷就不再跟家里人多交流了。关于雷雷的许多事情，家长也无从得知。

起初，霍佳还觉得雷雷有独立的思想了，越来越像个男子汉。可渐渐地，她觉得自己与雷雷的关系似乎渐行渐远。

我们总是只顾着教育孩子"独立"，却忘了告诉他，我们是他最坚实的后盾，以致孩子学会独立的同时渐渐疏远了我们。最严重的问题是，孩子难以再相信其他人。

我的另一位朋友杜宇就经常强调：父母是孩子的资源，当孩子需要帮助时，他会毫不犹豫地伸出援手——用他的话来说，身为成年人的我们尚且知道运用各种人际资源去解决困难，那为什么反对孩子把我们当成人际资源来求助呢？

杜宇的这句话，对我们来说有如醍醐灌顶。对于社交圈相对较广的成年人而言，亲朋好友是资源，遇到事情可以向他们求助。同样，父母也是孩子的资源，并且是他最可靠、最亲近的资源。

杜宇家的亲子关系总是那么让人羡慕，难道他的孩子就不独立了吗？不，他的孩子总会在遇到问题后，先自己尝试着解决，实在难以解决时再向家长求助。因为杜宇推崇的教育是——"独立"，并非把孩子推开，而是陪着孩子一起面对。

还记得有一次，我在杜宇家跟他谈事情，孩子遇到一道数学难题，苦思冥想许久都写不出答案。正与我交谈的杜宇及时发现了孩子的苦恼，对他说："你为什么不问问爸爸或这位叔叔呢？"

那孩子看了我们一眼，神色有些羞涩。见我们没有嘲笑，孩子大着胆子把题目拿了出来。大家一起研究了题目，引导着孩子去思考。最后，孩子竟然能举一反三，提出了另一种解法，这让我们都很高兴。

其实，以"独立"为名，强行截断自己与孩子的关系，是傻父母才会做的事情。过分"帮助"孩子，又容易造就不善独立的他。想要平衡"独立"与"帮助"的关系，你可以这样做。

遇到困难时倾诉对象调查

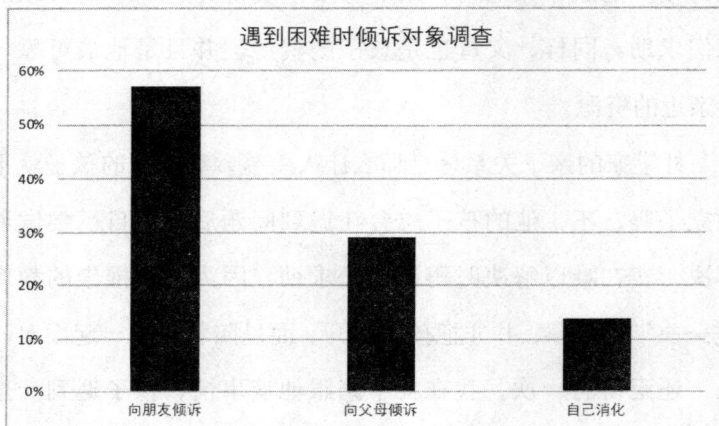

1. 对孩子的需求，请耐心对待

当孩子向你求助时，不要急着回答，更不要批评他。沟通的过程，其实也是亲子相处的过程，应该耐心听完孩子的需求，然后认真分析孩子的真正需求。

有的孩子是真的需要帮助，有的孩子则可能出于懒惰心理。针对具体情况，应采取具体的应对措施。

2. 授孩子以渔而非以鱼

在帮助孩子解决问题的时候，最好将解决方法以浅显易懂的方式教给孩子，切记不可一手包办，父母要能陪着孩子一起解决。比如，当孩子遇到一道数学难题时，家长要引导孩子自己去寻找解题思路，而不是一口气将解题过程甚至答案告诉孩子。

　　总之，培养孩子的独立性，不要忘了家长是孩子的资源，千万不要在孩子遇到困难的时候将他推开。试着帮助他一起解决问题，这不仅不会影响培养他的独立性，还能更好地拉近彼此的亲子关系。

◎ 让孩子懂得除了拥有，还要会用

　　有的家长会遇到这样的事情：孩子在得到一样东西后，会很珍惜地收藏起来，舍不得轻易使用。

　　可能有人会说，孩子从小懂得珍惜是个好习惯。从这个角度来看，确实没错。但是也有这样一类小朋友，他们对事物的珍惜超出正常状态，而这并不是一种好习惯。

　　这究竟是一种什么情况呢？为什么过度珍惜会成为一种坏习惯？孩子会在这种坏习惯的支配下发生怎样的变化？

　　青青妈妈小时候过惯了清贫的日子，深刻地知道勤俭节约的重要性，因此在教育青青的时候，她会不断将"血汗钱"

这个概念融入与青青的每次交谈。比如，青青吃饭时只是不小心掉了一粒米，也会换来妈妈的一顿唠叨。

后来，青青真的养成了"珍惜"的习惯，只是她的这种"珍惜"显然越走越偏。例如，当得到一支新水笔后，她就会收藏起来，怎么也不肯轻易使用，一直到水笔失效了才拿出来——这时不肯浪费的初心，反而导致浪费的发生。

又如，每次得到好吃的零食，青青总舍不得吃，却从来没想过食物会过期、水果会腐烂。尤其在东西发生损坏后，她就会陷入强烈的自责和焦虑。

对此，青青妈妈很苦恼，却怎么也拗不过青青的性子。也是这个时候，青青妈妈才发现偏执的"珍惜"并不是好习惯。

长期被过度教导"珍惜"的孩子，面对财物时很容易出现一种焦虑感。在这种焦虑感的影响下，拥有就变成一种负担而不是快乐，任何一点儿浪费或消耗都会被孩子过度关注。长此以往，孩子认为使用也是一种罪恶，甚至会慢慢丧失使用的能力。

好孩子除了懂得拥有外，也会懂得使用。与青青妈妈形成对比的是我表妹，同样是清贫出身，但她更信奉的是钱要花在刀刃上，对于该花的钱从不手软，对于不该花的钱也从不乱花。在她的教导下，外甥女琪琪也养成了很好的财物管理观念——"珍惜，但不过度珍惜"。

得到喜欢的东西，琪琪会倍加珍惜，但却不会固执地藏起来不肯使用。只是在使用的时候，她会多加小心，尽量不造成损坏。当东西自然用完，她也不会过多焦虑，因为她能理解这是自然损耗。只要不是因为自己的不珍惜导致的损坏，她都能以正面积极的态度去面对。

青青和琪琪的差别体现在哪呢？同样是珍惜财物，为什么两个人会出现截然不同的态度和行为呢？这一切都与父母的言行有关。

当你频繁在孩子面前营造对财物的焦虑感后，孩子对"珍惜"的认知就会慢慢出现偏差——从最开始的担心被"批评"，到后来的习惯性"珍惜"，这种认知偏差会逐渐刻进孩子心里。

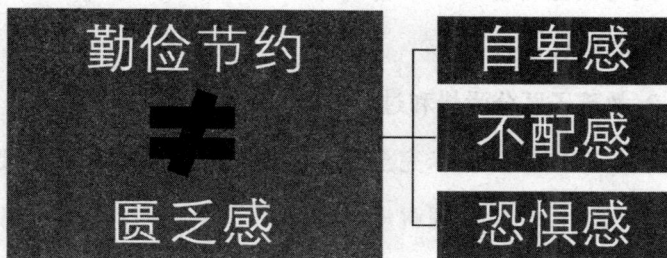

是培养孩子勤俭节约的习惯，而不是培养孩子的匮乏感

不过，如果你能在孩子心中播种下正确的价值观，引导孩子学会珍惜和使用，问题也就迎刃而解了。

那么，如何帮助孩子学会珍惜的同时又学会使用呢？

1. 约束自己的言行，不把焦虑感传递给孩子

很多时候，父母总是习惯性地向孩子"诉苦"。这种行为的初心往往是希望孩子能够体会父母的辛苦，引导孩子好好学习或者珍惜财物。

从某种程度上讲，这样的"诉苦"存在一定的教育意义，确实可以帮助孩子理解父母的辛苦。但一旦过度强调父母的辛苦，就很容易给孩子带来焦虑感。因此，父母在向孩子"诉苦"的时候，一定要学会约束自己：一方面，频率不能过高；另一方面，不要将"诉苦"化为抱怨。

父母要懂得适当"诉苦"，可以用开玩笑的形式偶尔穿插于家庭教育中。

2. 教孩子区分爱惜和过度珍惜

孩子的价值观尚未完全建立，这时候，他很难合理把握爱惜的尺度，也无法理解爱惜与使用并不冲突，如此一来就很容易走入极端。此时，父母要教会孩子使用时的珍惜。比如，当孩子得到一支新水笔时，我们可以鼓励他使用，告诉他物品就是要用的。但是，使用并不等于肆意挥霍，发生浪

费现象时，我们也要及时对孩子的行为进行纠正。

3. 引导孩子认识自然损耗

有些孩子舍不得使用东西，是因为他害怕自然损耗的出现。事实上，如果孩子一直不肯正视自然损耗的存在，他将无法成长，也将永远困在对自然损耗的恐惧中。

家长应该合理地引导孩子。比如，告诉他损耗是必然现象，非故意损坏的都不应该被责备。当孩子心爱的物品自然用完后，还要引导孩子舒缓悲伤、焦虑的情绪，促使他尽快从遗憾和痛苦中走出来。

告诉孩子，东西就是要用的，爱惜东西是正确的，但是不应该因为过度珍惜而拒绝使用。

◎ 朝夕相处的玩具值得好好对待

随着生活水准越来越高，孩子的玩具越来越多。不少小朋友从小到大的玩具加起来可以装很多箱，别人送的、父母买的，里面总有一些玩具是小朋友的"心头宝"。

但并不是所有的小朋友都懂得爱惜玩具，年纪越小的孩子越难懂得爱惜，以致许多玩具在孩子的成长过程中一步步走向支离破碎。

别看这只是孩子成长的小插曲，其中却暗含着"节约资源"教育的好机会。从孩子的玩具开始，引导他学会爱惜，养成"节约资源"的好习惯，是每个家长都要为孩子准备的一堂管理课。

同事的孩子今年 7 岁，名叫淘淘，人如其名，是个小淘气包。以前去同事家做客的时候，经常能在他家某个角落里看到玩具的残骸。我们送给淘淘的机器人玩具，在他手里没多久就会变成一块块碎片，场面一度十分"惨烈"。

每次面对这样的场景，同事只能露出饱含歉意而尴尬的微笑。

不过，自从淘淘上了小学，我们再去他家时就很少看到玩具残骸了。有一次，我们还看到淘淘坐在地上，用抹布认真地擦拭着一辆玩具车。我们都很惊讶，淘气包竟然变得这么懂事了，忙向同事讨教教育经验。

同事笑着告诉我们，从淘淘踏入小学后，她就有意识地教育淘淘要爱惜玩具，因为每个陪伴他长大的玩具都是有"生命"的，得不到好的对待，玩具也会难过。她还与丈夫特地演了一出情景剧，以玩具的口吻跟淘淘对话，哭诉自己被淘淘破坏后有多么难过。

正是从那天起，淘淘发生了改变，开始小心地呵护着自己的玩具：玩完后，会认真地把玩具摆放回原位，而不是随手一丢；看到玩具脏了，也会主动找来抹布擦洗；发脾气时，也不再乱丢、乱砸玩具……淘淘的改变，让同事十分欣慰。

其实，每个孩子在拥有成熟的心智之前，对于自己的行为并没有非常明确的意识。大部分情况下，他对玩具的损坏也属于无意识的——不能理解物品的价值，也不懂得如何爱惜。

这时候，就需要家长进行合理的引导和教育。在孩子形成惯性思维之前，他的行为很快就能得到调整。

明明在玩遥控汽车玩具的时候，经常会这样做：把汽车玩具放在椅子上，然后遥控着汽车向地面冲下去。尽管椅子不高，但是汽车玩具反复跌落椅子，也很容易造成损坏。

这天，妈妈及时制止了明明的行为，问他："明明，你为什么总是这样摔你的汽车玩具呢？"明明不以为然地回答："我在控制汽车玩具飞下山坡呀！"原来，在明明看来，这不是在损坏玩具，而是一种正常的游戏。

妈妈对他说："可是汽车玩具飞下这个山坡，你听到啪的一声了吗？你想想，如果是你从椅子上摔下去，会不会疼呢？汽车玩具也会觉得疼的，你这样做是不对的！"

听了妈妈的话，明明沉默了许久，然后做出保证，再不做这样的事情了。

其实，大部分孩子的是非观念并不强，有时候他不知道自己的行为是不妥当的。在成年人看来，有些行为是一种不爱惜，但对于孩子来说，只是一个简单的游戏。

此时，不要忽视孩子破坏玩具的行为，当这样小小的行为在他小时候得不到纠正，等他长大后就会渐渐影响到其他行为。所以，当发现孩子不爱惜玩具时，你不要急着责备，而要用包容的态度引导他理解和改变。

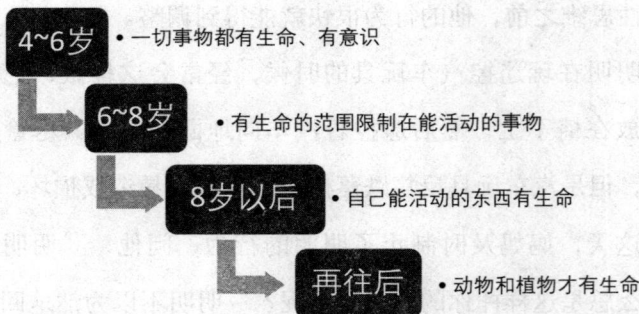

- **4~6岁** • 一切事物都有生命、有意识
- **6~8岁** • 有生命的范围限制在能活动的事物
- **8岁以后** • 自己能活动的东西有生命
- **再往后** • 动物和植物才有生命

利用儿童 "泛灵心理" 培养儿童共情能力

1. 情景模拟剧，让孩子身临其境

对于一些抽象的道理，孩子很难理解，如果以情景剧来形象地表现，将大大帮助孩子理解，他也更容易接受，慢慢

地就学会爱惜玩具了。就像我的同事夫妇，他们在教育淘淘的时候就是采用了情景模拟剧的模式——他们将玩具拟人化地表演出来，更容易让孩子设身处地地理解父母的话。

2. 情景提问，引导孩子发现问题

明明妈妈的做法，更多的是以反问的方式来引导孩子换位思考。事实证明，孩子的心智虽未成熟，但是他的同理心并不比成人差。如果发现孩子不爱惜玩具，要引导他学会换位思考，他也能慢慢学会如何去爱惜玩具。

你可以先问问孩子为什么要损坏玩具，弄清楚孩子损坏玩具的心理，然后引导他思考：如果他遭遇这样的对待，会不会疼痛，会不会难过？在一问一答中，许多问题都能从孩子的口中得到答案，也更利于他思考。

在孩子的成长中，玩具扮演着极其重要的角色。教会孩子爱惜玩具，对孩子的成长起着举足轻重的作用。如果一个孩子连朝夕相伴的玩具都不懂得爱惜，又如何能学会珍惜其他东西呢？

◎ 父母无权处理孩子的"财产"

在教育孩子的过程中，许多父母很容易犯这样的错误：
轻易地处置孩子的玩具。

"这不是什么大不了的事情！""不就是一个小玩意吗？"
这是多数犯错父母的真实心理。乍一听确实如此，在大人的
世界里，这只不过是鸡毛蒜皮的小事，但对于孩子而言却是
天大的事情。

如果你细心留意各大论坛关于"童年遗憾"的版块，就
会发现，许多人对小时候"被随意送出的玩具"有着深深的
执念和无力感，而这种遗憾可能伴随他们终生。这不是"小
题大做"，更不是"小心眼"，可能算是一种心灵创伤。

不要觉得孩子小，就没有支配自己财产的资格。

对于"三观"还未完全建立的孩子而言，他所拥有的一
切就是他现阶段的格局，通过拥有与分配来逐步建立自己的
"三观"和意识。你所认为的稀松平常的代为支配，其实是
对孩子"所有权"的漠视——以父母权威强迫孩子做出让步，

尤其是逼迫孩子"自愿"让出玩具的行为，更容易导致孩子
出现强烈的"不配感"。

雨晴曾经有个称不上多漂亮的布娃娃。和其他可爱的毛
绒玩具比起来，这个布娃娃实在太不起眼了，但因为它是姑
姑送的，所以她特别钟爱它。

一天，邻居家的妹妹来雨晴家里做客。为了逗小妹妹开
心，雨晴妈妈随手要将这个布娃娃送给小妹妹。

雨晴见状，便开始又哭又闹，极力阻挠。雨晴本以为这
样做就可以留住自己心爱的布娃娃，谁知妈妈却批评雨晴小
气。就这样，雨晴一边抹着泪水，一边亲手将心爱的布娃娃
送了出去。

这件事过后，雨晴的性格就悄悄变了，变得沉默起来，
也不会因为妈妈将她的玩具送人而哭闹了。起初妈妈还很开
心，觉得雨晴变得懂事了。直到某次妈妈带着雨晴去邻居家
做客，竟意外看到雨晴看着上次被送走的布娃娃暗地里掉眼
泪，她才惊觉自己竟然伤了雨晴的心。

我们不妨换位思考一下，当你最信任的人不顾你的感受，
逼着你把心爱的东西送给别人，你是否会感到困惑：难道是
我真的小气了吗？是不是只有别人家的小妹妹才能得到好东
西？为什么我明明那么难过，还要逼我送走心爱的东西呢？

当这些问题萦绕着尚且年幼的孩子，其伤害力可想而知。所以，我们最应该做的是帮助孩子守护他的"财产"，而不是仗着自己的权威肆意支配。

我的朋友玲子在孩子的"财产"支配上就做得很好。那次，我们几个朋友一起到她家做客，其中一个朋友的孩子看中了一个机器人玩具，哭闹着想要。

玲子的儿子还没说话，就听玲子温和地安抚道："敏敏，这个是威威哥哥的生日礼物，你要拿走，得先问问哥哥同不同意哦！"威威听了妈妈的话，很大方地把机器人拿了出来："我可以把玩具借给你玩，但你不能弄坏，要记得还我。"

敏敏的哭闹也随之渐渐停止。

又过了一会儿，威威从房间里拿出另一个玩具，说："敏敏，机器人玩具是我最喜欢的，不能送给你，不过我可以把马里奥送给你。"我们谁都没想到威威会做出这样的举动，都夸奖威威很懂事，又向玲子讨教教育秘诀。

"尊重孩子的'财产'，就是最好的教育。"这是玲子给我们的解答。

威威妈妈和雨晴妈妈的处理与教育方式显然不同，因而威威和雨晴的表现也截然不同。

当面对孩子的"财产"问题时，父母的最好教育绝不是肆意支配，然后绞尽脑汁开解哭闹的孩子，而是从一开始就正确帮助孩子守护"财产"。

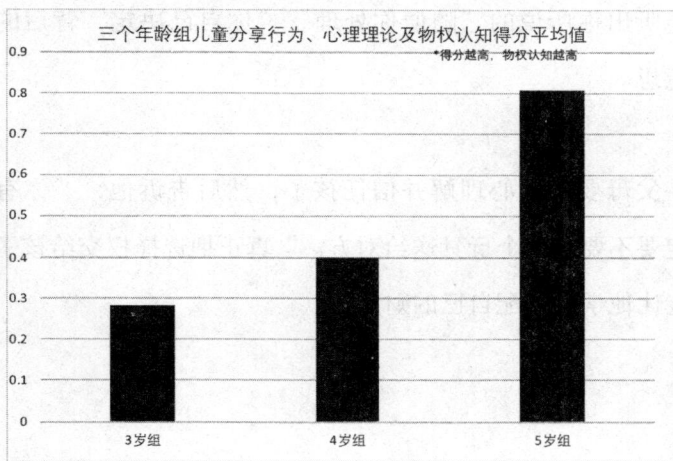

三个年龄组儿童分享行为、心理理论及物权认知得分平均值
*得分越高，物权认知越高

1. 关于孩子的"财产"，你要先有正确的认知

面对"财产"问题时，最忌讳的就是类似"你的什么东西都是我的，所以你要听话"的言论，这是对孩子最大的不尊重，同时也会在他的内心埋下强烈的不信任感：明明早已送给我了，为什么不是我的呢？

所以，父母要学会从心底摆正对孩子"财产"的认知，这样才能真正做到尊重孩子。

2. 信任他，真正让他自己支配"财产"

诚然，孩子的"三观"还未完全建立，但是从小培养他支配"财产"的能力是很有必要的。父母要扮演引导的角色，

而非越俎代庖，任何带有明确父母意愿的引导都不能真正
地让孩子放松下来——别看孩子小，他的心思也很敏感，绝
对能听出你所说的"随便你处理""你自己决定"背后的真
正意思。

父母要从内心理解并信任孩子，然后告诉他："你有权
决定要不要把这个玩具送给对方。"真正把选择权交给孩子，
才能让他学会支配自己的财产。

◎ 在生活细节中教会孩子"断舍离"

在孩子的成长过程中，如果你有过搬家的经历，就会发
现孩子可能是搬家的阻碍——当你要丢掉一些东西时，孩子
就会阻拦你，甚至可能因此大哭大闹。

这种情况并不少见。纵使不是搬家，在生活的许多细节
里，你也可能发现端倪。比如，当你准备卖废品或者清理一
些旧物时，孩子可能跳出来"誓死捍卫"。

孩子的一举一动，全是对旧物的眷恋，这种眷恋在心理

学上被称为"过渡性客体"。如果一个孩子长期对某一物品保持较高的依赖，其实他更依赖自己与那个物品之间的共同经历和回忆。比如，有的孩子喜欢抱着某个玩具睡觉，固定使用某副碗筷等。这些对于他而言，都是安全感的来源。

从孩子成长的角度来讲，养成自我意识要靠不断拥有。但事实上，人生的道路从来都不只是拥有，它还包含着失去。安全感的来源不能是单一的，不帮助孩子从固有的安全感中走出来，迎接更新、更大的世界，就很难催化孩子的成长。

这时候，"断舍离"的重要性就显现了出来。帮助孩子正确理解"断舍离"，他就更容易从曾经的眷恋中走出来。

当初搬家的时候，阿信就遭遇了儿子小柯的极大阻挠。那时候，阿信本想着把原住所的一些东西扔掉，包括小柯的旧玩具和旧衣服。谁知，小柯却频频去垃圾桶里把自己的旧玩具、旧衣服捡回来，说什么都要把它们带到新家，言行间颇有"捍卫主权"的意味。

双方相持不下，小柯干脆大哭大闹起来，闹得阿信头昏脑涨。这些东西明明已经毫无用处，留着也是占地方，可是小柯哭得怎么也哄不好。

阿信愁坏了，一度想揍小柯一顿了事。

其实，小柯的反应再正常不过。对他来说，搬新家确实算得上一件新鲜事。但是，难道他对原来的住所就没有感情了吗？这些感情最终寄托在哪里？当然就是那些可以带到新居的旧物。

无独有偶。李奶奶的孙女安安对旧物也有着特殊的"执念"，她的房间里总藏着很多旧东西，其中不乏早已损坏、不能使用的。但是，无论李奶奶怎么说，安安就是不肯把这些废品丢掉。

李奶奶很苦恼，安安的父母又经常在外奔波，没空管安安。于是，安安的房间越堆越满。最后，她父母知道的时候，只能采用暴力的沟通方式让安安妥协。

其实，"断舍离"是每个孩子必经的成长阶段。

孩子人生中的第一次"断舍离"就是断奶，在他以后的人生中，还要经历很多次的"断舍离"。每个孩子都不喜欢突如其来的改变，这时家长的行为和态度很重要——一旦父母的方法出现问题，对变更存有警惕的孩子来说犹如雪上加霜。

如何帮助孩子更好地接受并主动"断舍离"，是每个家长的责任。

家长如何处理孩子厌倦的某个旧玩具

与孩子一起挖掘玩具的新玩法, 15.38%

让孩子继续玩, 4.40%

丢弃, 2.20%

送人, 32.97%

继续放在玩具箱里, 45.05%

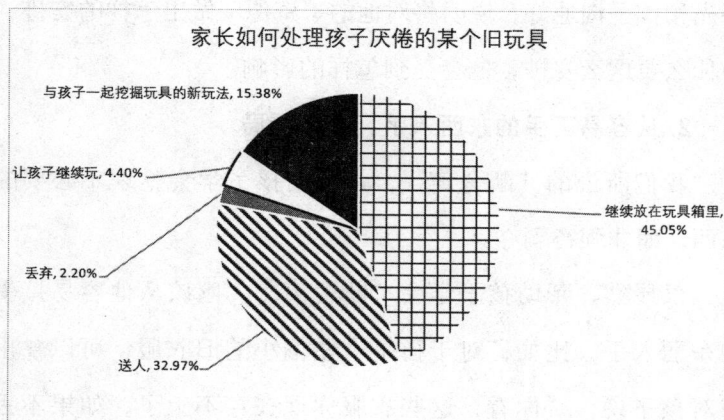

1. 拒绝毫无铺垫强行"断舍离"

很多家长可能会打着"为孩子好"的旗号，直接漠视孩子对物品的重视，强行丢掉一些旧物。殊不知，这样的做法等于强行剥夺了孩子的安全感，很容易给他幼小的心灵造成伤害。

教会孩子进行资源管理的第一步，就是培养并尊重孩子的资源意识，拒绝强行丢掉孩子的旧物。每个孩子都很难接受突如其来的变化，所以家长的一举一动尤为重要。强行"断舍离"不仅容易激化亲子矛盾，而且可能给孩子留下不可逆转的创伤。

不要抗拒跟孩子沟通，每个人都有捍卫自己资源的权利，包括孩子。所以，在帮助孩子进行"断舍离"前，我们一定要先和孩子沟通好，说明将对他的"资源"做出怎样的安排，为什么要这么安排，他会受到怎样的影响。

2. 从容易下手的东西入手，打破僵局

我们所说的"断舍离"，是帮助孩子学会整理不必要的东西，而非强行剥夺。

很显然，帮助孩子学会"断舍离"，应该从他容易接受的东西入手。比如，对于孩子一些偏小的旧衣服，可以拿出来对孩子说："你看，这些衣服你现在穿不上了，如果不丢掉（或送人）还继续穿，那多羞呀！"

只要能给孩子一个浅显、合理的解释，他就很容易接受你的"断舍离"政策。对于那些孩子确实不舍得丢弃的东西，不妨先留着，放一放再说。

如你所见，孩子学会"断舍离"的行为十分重要，但父母正确面对和处理的方式方法则更为重要。

○
○
○

/ 第六章 /

目标管理：不要让孩子盲目地前进

○
○
○

◎ 永远不要小瞧孩子的梦

孩子的脑袋里总装着各种各样的奇思妙想，很多小朋友在很小的时候就有了梦想——有的想成为人民教师，有的想成为飞行员，还有的想成为建筑师。此时，我要问各位家长一句："孩子的梦想，你们有没有好好珍惜？"

想必有相当一部分家长的答案是否定的。是的，很多孩子的梦想并没有得到好好珍惜，或许是因为它听上去很荒诞，又或许是因为只是临时起意。可是你知道吗？当你无视孩子梦想的时候，其实是在伤害孩子的成长。

有心理学家指出，梦想其实是孩子理想中的自我形象。如果家长能够呵护孩子的梦想，鼓励他成为一个合格的追梦人，他的内心就会产生强大的驱动力，鼓舞着他不断前进，就能面对困难、克服阻碍。

自从看了一系列航空纪录片，牛牛就迷上了外太空。此后，只要提到航天员、宇宙飞船，他就会特别兴奋，还上网查了很多资料。他告诉爸爸妈妈，等他长大后要做一名出色的宇航员。

一次看综艺节目时，看到好多明星正在挑战高难度的旋转体能训练，牛牛就跟着学起了转圈圈。几圈下来，他晕头转向，好几次差点儿摔倒。

这让牛牛的爸爸妈妈很是心烦，让他不要调皮，乖乖坐好看电视。可牛牛却说："我是在做体能训练呢，不是调皮捣蛋。"接着，他还兴冲冲地告诉爸爸妈妈："将来我可是要做一名超级航天员的！"妈妈撇了撇嘴，说道："还航天员呢！不要总是做这些奇奇怪怪、不切实际的梦了，好好学习才是要紧事。"

牛牛听了妈妈的话很是伤心。偏偏这个时候，爸爸又来泼冷水："你看身边有几个人能成为航天员的，整天瞎想什么呢？"顿时，牛牛就像一个泄了气的皮球，之后好几天，他都懒得跟爸爸妈妈说话了。

可是，谁说牛牛就不能成为一名优秀的航天员呢？世界上众多大名鼎鼎的人物，在童年时期也都有过伟大的梦想。就是心中伟大而绚烂的梦想，支撑着他们努力奋斗、不断超越，最终才能在世界的舞台上大放异彩。可以说，梦想决定着孩子的未来。

妈妈发现儿子小今近期变乖了，也变得勇敢了，还会主动帮助别人。这让妈妈很欣慰，但也有点儿好奇：小今怎么突然变得这么懂事了呢？于是，她试探性地问小今："你是不是做了什么坏事怕妈妈知道？不然，怎么突然变得这么乖了？"

谁知道，小今叉着腰、得意扬扬地对妈妈说："你忘了？我将来可是要当一名好警察的！"

妈妈这才想起来，之前小今跟她说过，他的梦想是当一名警察。那时候，她虽然没有太当回事，但也鼓励小今要加油，从现在开始做个懂事且乐于助人的好孩子，这样才能离他的警察梦更近一点儿。没想到，当时只是随口的鼓励，却被小今认真地记了下来，并努力践行着。

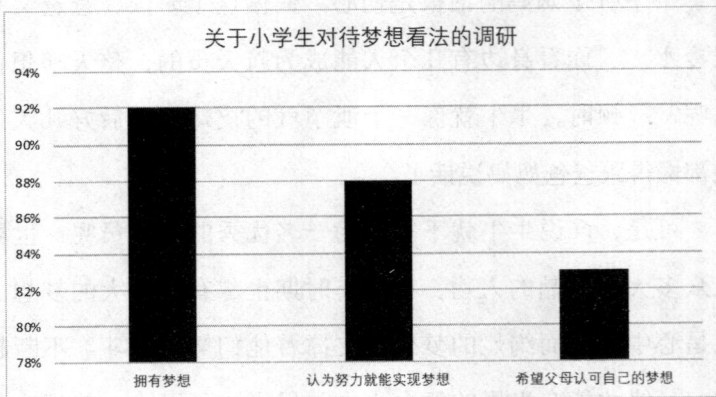

关于小学生对待梦想看法的调研

类别	百分比
拥有梦想	92%
认为努力就能实现梦想	88%
希望父母认可自己的梦想	约83%

你可别小瞧梦想的力量，仔细回忆一下，我们每个人或多或少都怀抱有梦想，这个梦想就是推动我们不断前进的力

量和勇气。既然如此，我们为什么不鼓励孩子追求他的梦想呢？

1. 不要轻视孩子的梦想

诚然，孩子的思维还未定性，他的梦想可能会多变，今天想当宇航员，明天想做警察，后天想成为律师……但是，这一切都代表着孩子的自我意识开始苏醒，他发现了自己的兴趣，产生了好奇。这时候，他的梦想会多变很正常，但这不应该成为你嘲笑的理由。

孩子很敏感，尤其当他愿意把藏在心里的梦想说给你听时，其实是在表达对你的信任。如果你在这个时候轻视乃至嘲笑他，很可能会让他对你产生不信任感，进而影响亲子关系。

2. 根据孩子的梦想进行引导

孩子有了梦想是好事，家长如何引导则更为重要。

当孩子把梦想告诉你时，你可以对他的梦想进行拆解与引导。比如，孩子希望自己能够成为宇航员，你要这样引导："宇航员自律且勇敢，你可要从现在就开始努力哦！"总之，孩子与你谈论梦想时，就是一个绝佳的教育机会。

如果你的孩子有了梦想，那么恭喜你，你或许将收获一个能够为梦想不懈努力的孩子！接下来，如何利用梦想对孩子进行教育，成为孩子的护梦人，就看你怎么做了。

◎ 想实现大目标，先要有小目标

许多家长都会告诉孩子：有志者，事竟成。但事实上，坚持本身就很困难，对于成年人如此，对于孩子来说更是如此。

"坚持不懈"这四个字，永远都是说起来容易，做起来难。

孩子的自制力相对较弱，做一件事情在短期内看不到成效的情况下，孩子很可能会选择放弃。为此，很多家长很苦恼，不明白孩子总是什么都想学、都想要，但都只是三分钟热度，坚持不了多久就会放弃，最终连皮毛都没有学会。

7 岁的小塔是个人见人爱的孩子，每个认识他的人都会夸他聪明。小塔确实也很争气，无论学什么都特别快，但是小塔的爸爸妈妈却很担忧——虽然小塔学什么都很快，但是他对什么课目都没有学精。

每次妈妈一说他，他都会说："哎呀，差不多就可以了。"当妈妈问他为什么喜欢学这么多东西时，他又总是搬出一个很大的目标，说自己要成为"百事通"，还觉得爸爸妈妈太小题大做了，一点儿也不懂得欣赏他的"全才"。

这让妈妈很无奈，明知道小塔凡事三分钟热度不好，可又经常被他的"谬论"带偏，不知道应该怎么办才好。

后来，妈妈尝试着把小塔的"百事通"目标分解成一个小计划：先把跆拳道学好，至少要能考过级，不然只懂得皮毛可糊弄不了人。然后，一步步引导小塔把大目标变成一个个小目标。

渐渐地，小塔竟真的变得专注起来。有时候，他还会认真地告诉妈妈，哪个不是他真正的兴趣所在，决定先花时间把最喜欢的学好再学下一个。

其实，孩子的好奇心强是正常的。很多时候，孩子还没有定性，总是喜欢这个又喜欢那个，很容易养成三分钟热度的毛病。这样的习惯一旦养成，会影响他的成长，所谓"全才"也会渐渐变为学而不精，甚至扬扬自得而不自知。

西西在新学期初给自己定了个目标，将来要在小升初考试中拿下 300 分的好成绩。妈妈本来为孩子的志向感到很高兴，可最近却高兴不起来了，因为西西虽然定下了目标，却并没有真正去实践——每次妈妈督促他好好学习时，他总会摆摆手说："哎呀，时间还早着呢，我现在才四年级。"

定下目标却不为之努力，算什么呢？妈妈很生气，决定跟西西好好谈谈。结果，西西却反驳妈妈说："我六年级时再努力，难道不行吗？"妈妈一时哑口无言，最后只好向我求助。

我给她支的招是，不如跟西西约定好月考成绩，乃至每日作业完成情况这样的小目标。就是说，将他小升初的考试目标化解为一个个小目标，或许这样可以帮助他集中精神好好学习。

有些时候，目标之所以未能实现，并不是因为它不切实际，而是因为它实在太遥远了，让孩子以为他还有很多时间，可以慢慢来。

孩子往往陷入这样的思维误区而不自知，更不懂得应该把大目标分解成一个个小目标。这时候，家长就应该帮助孩子把这个大目标化解为小目标，一步步地实现。

1. 目标分解要注意技巧

在帮助孩子分解目标的时候，家长要注意，小目标既不能太简单，也不能太难。难度系数太高的小目标无法达到，分解目标就变得毫无意义。同样，它也不能太简单，因为毫无挑战性的小目标会一步步蚕食孩子的斗志，让他丧失奋斗的热情。

所以，最合适的小目标应该符合孩子的认知水平，是孩子踮踮脚、努努力就能达到的。而后，下一个小目标又比前一个难一点点……这样的目标分解，才能达到激励孩子奋发向上的目的。

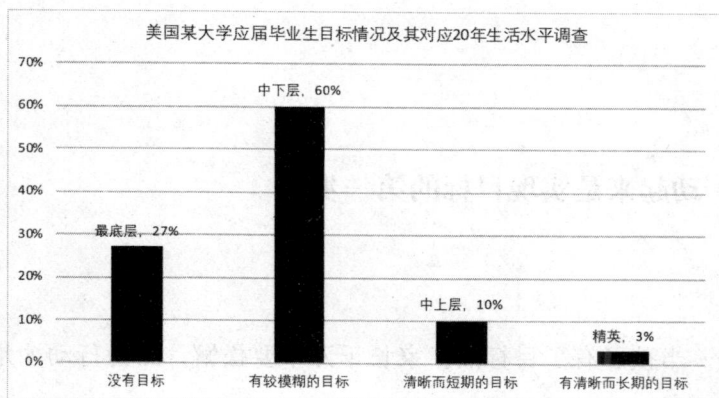

美国某大学应届毕业生目标情况及其对应20年生活水平调查

2. 给予孩子正向反馈

孩子无法坚持，往往是因为目标太遥远，短期内无法看到成效，久而久之，他就会丧失斗志。因此，我们在帮助孩子将他的目标划分为小目标后，要设置一个正向反馈——可以是一句夸奖，也可以是一次游玩机会。

总之，每当孩子完成一个目标后，都要给他一个及时的反馈。这样孩子就会充满信心和斗志，激励自己更努力地完成下一个目标。

"一口吃不成胖子！"成年人都知道目标太大并不具备真实意义，应该分解成一个个小目标，才能让目标变成行动的助力。如果你的孩子不懂得将大目标分解为小目标，家长就要向他伸出援手了。

◎ 动起来是实现目标的第一步

当孩子有了目标后，家长千万不要松懈，因为行动才是孩子实现目标的第一步。

许多孩子制定目标后就开始了漫长的"休眠期"，这或许是因为拖延，或许是因为没找到切入点，也或许是因为缺乏行动的技巧和方法。但是，无论出于什么原因的休眠，都会导致孩子的目标丧失意义。

电视剧《亮剑》里有这样一段经典对白——赵刚告诉李云龙："那好，这事你尽快去办！"李云龙却回复道："不用尽快，我马上就去！"很显然，如果不行动，一切目标都只是空谈。只有动起来，目标才有实现的可能。

上了初中后，菲儿就开始给自己规划日程表，日程表细化到每小时应该做什么。这让菲儿的父母很高兴，觉得菲儿懂事了，而且他们也看过了菲儿的日程表，认为劳逸结合，可行性非常强。

可是没多久，妈妈却发现了问题——虽然有了日程表，但是菲儿并没有真正执行，每次都有很多理由不按日程表做事。

这让爸爸妈妈很苦恼。按理说，菲儿已经将自己的大目标化为小目标，可现在在行动力上卡住了，好好的日程表变成一纸空谈。每次一说，菲儿都是虚心接受，可就是坚决不改，这可怎么办呢？

事实上，很多孩子制定目标后很容易陷入这样的困境：行动力不足。尤其对还在"象牙塔"中的孩子来说，他嘴上可能会念叨着"明日复明日，明日何其多"，但事实上还是没有行动力。

这时候就要求父母给予孩子及时的鼓励和有效引导。

9岁的发发是个行动力特别强的孩子，每次只要他制定好了目标，当天就会立即执行。

一次，发发跟妈妈说他想学吉他，然后就认真写下了一份时间规划表，分配好每天练吉他的时间。妈妈看发发这么认真，便给他买了一把吉他，还与他一起精心挑选了兴趣班。此后，发发每天写完作业，都会抱着吉他给爸爸妈妈演奏一段。

发发这么强的行动力，让好多亲戚朋友都很羡慕，很多人就向他的家长讨教培养孩子行动力的方法。妈妈神秘地笑了笑："以其人之道，还治其人之身。"

原来，发发的行动力最开始并不强，爸爸妈妈就学着他的样子，把他的需求一再往后延，延迟到发发难以忍受了，爸爸妈妈才跟他讲道理。

吃过缺乏行动的亏后，发发就学乖了。

实现目标三要素

事实就是如此。当孩子意识不到行动的重要性时，他永远学不会立即行动，更不知道行动是实现目标的唯一捷径，因为他对立即行动并无概念。所以，要想让孩子顺利实现目标，最重要的就是培养孩子的行动力。

1. 不要纵容孩子找借口

当不想立即行动时，孩子总会有这样那样的借口。

不要认为孩子偶尔找借口无所谓，等到孩子习惯了，再想培养他的行动力就会更加困难。

最好的办法就是，当孩子找借口不肯行动时，你可以行使家长的权利要求他立即行动；如果他还是不听话，就要让他"付出代价"，如暂停娱乐、停发零花钱。总之，找到与借口相关的"代价"作为交换："你可以为了某个原因不肯行动，那么同样，也会在这个方面付出代价。"

2. 帮助孩子排除障碍

有些时候，孩子不肯立即行动并非主观原因，而是客观上遇到了阻碍，让他无法继续前进。这个时候，家长要让孩子知道，阻碍不应该成为他拒绝行动的原因，遇到困难就停下来是错误的，应该积极解决困难，只有这样才能在追求目标的道路上走得更远。

这样一来，既能让孩子在克服困难后继续行动，也能让孩子学会遇到问题就解决问题，而非逃避问题。

如果说实现目标有捷径，这条捷径的第一标准一定是执行。所以，不要再让你的孩子慵懒下去，有了目标就一定要督促他行动起来。否则，目标永远只是镜花水月式的空谈。

◎ 允许孩子停下来矫正目标

无论是谁，都很难保证自己制定的目标是绝对可行的，孩子更是如此。

可惜的是，很多家长遇到孩子放弃目标时，却总是秉持反对的态度，因为觉得孩子临时放弃目标是虎头蛇尾的表现。事实上，放弃不合适的目标与制定目标同样重要。

经济学上，有一个名词叫"机会成本"，它指的是，为了得到某种东西所必须放弃的其他成本。换句话说，人生本来就是在不断取舍中成长的，鱼和熊掌通常是不可兼得的。

这个道理也适用于孩子的学习目标，我们习惯性给孩子做加法，却常常忽略了减法同样重要。所以，为什么不能允许孩子理智地放弃一些不合适的目标呢？

乐乐从小就被爸爸妈妈教育着，长大了要成为一个"德智体美劳"全面发展的好孩子。可是等到他上高二的时候，问题来了——如何选择分科呢？乐乐的理科成绩很好，文科成绩也不差。

几次家庭会议后，爸爸妈妈决定让乐乐选择理科，因为结合老师的意见，他们觉得乐乐在理科方面拥有更明显的竞争优势。但是，事情并没有因为选定分科而结束，他们对乐乐也提出一定的要求：虽然选择了理科，但是文科成绩也不能放松。

整个高二学习期间，当同班同学将所有精力投入理科知识学习时，乐乐还要分心确保每次文科测试都能得到全班第一。一年下来，乐乐的理科优势反而渐渐弱了下来。爸爸妈妈百思不得其解，一度认为乐乐不够用功，但是乐乐每天都认真学习到深夜。

这样的问题，难道真的是乐乐导致的吗？不，家长要负很大责任，他们不明白：人的精力是有限的，将有限的精力分散在各个方面是最不理智的行为。这也是乐乐渐渐丧失理科优势的主要原因。

很长一段时间，15岁的嘟嘟都很焦虑，他总觉得自己好像选择了不太合适的兴趣班——篮球。他并不喜欢篮球，只是当时很多同学选择了篮球，爸爸妈妈也总说篮球能让他长高，他才选的。

其实，嘟嘟心里更喜欢的是足球。每次在篮球场上，他总是很羡慕地看着足球场的那片绿茵地。爸爸妈妈都不知道，他跑步很快，运球很灵活，哪像在篮球场上，无论是抢篮板还是定点投篮都不是他擅长的。

可是尽管如此，嘟嘟却不敢跟爸爸妈妈说，因为他怕爸爸妈妈对他失望，也怕同学嘲笑他是个遇到困难就退缩的缩头乌龟。

结果，每次篮球课都成了嘟嘟的枷锁，一到课前，他都会觉得很不开心，最后竟发展成为应激性腹痛。直到此时，爸爸妈妈才知道嘟嘟原来那么不喜欢篮球。

学会放弃，其实也是一门艺术。只有学会放弃，才能拥抱更美好的明天。

家长应该走在孩子的前面，教他学会放弃，而不是逼着他兼顾所有目标，让他过"减法"生活比不顾一切地做"加法"更重要。允许孩子放弃不合适的目标，你可以这样做。

1. 先判断目标该不该放弃

是否应该允许孩子放弃目标，这是做目标减法的大前提。

孩子要放弃目标，有时候是因为遇到了困难，有时候是因为真的不合适。如果孩子仅仅是因为遭遇困难而产生放弃的想法，家长应该及时对孩子进行引导和教育，并帮助他一起克服困难；如果孩子因为目标真的不合适而考虑放弃，父母应该对他的选择表示理解和支持。

这样的判断立足父母与孩子进行了深入、平等的交流，允许孩子完整表达自己的想法。在交流过程中，家长注意不要采取过分强硬的态度，因为只有在相对平和的状态下，孩子才能发自内心地表达看法。

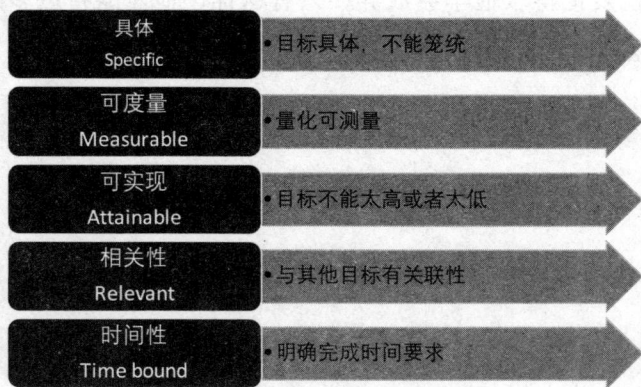

具体 Specific	目标具体，不能笼统
可度量 Measurable	量化可测量
可实现 Attainable	目标不能太高或者太低
相关性 Relevant	与其他目标有关联性
时间性 Time bound	明确完成时间要求

目标设定、调整原则：SMART原则

2. 帮助孩子解除放弃目标时的心理负担

长久以来，许多家长对孩子的教育都是以"加法"为主，因此，当孩子开始萌发放弃目标的念头，他的内心就会对自己进行一层层拷问：这样是不是代表我不懂坚持？是不是虎头蛇尾的行为？爸爸妈妈会不会对我感到失望？

这些想法，都会给孩子造成沉重的心理负担。有时候，他甚至选择一直错下去，也不愿意放弃。所以，父母应该及时对孩子进行心理疏导，让他明白，人生要学会坚持，但也要学会放弃。

放弃不合适的目标并不可耻，坚持在错误或不合适的道路上前进更不是明智的选择。当我们教导孩子坚持目标的同时，也要记得教他学会放弃，只有这样，他才能将更多的精力投入合适的目标中去。

○
○
○

/ 第七章 /

社交管理：拥有益友，孩子将受益一生

○
○
○

◎ 让孩子知道分享是一种快乐

在孩子的成长过程中，家长总会遇到孩子不愿意分享的问题。大多时候，家长都会急于让孩子"大方一点儿"，孩子却总是紧紧地抓着自己的东西不肯与别人分享，让他与小朋友分享玩具、食物等，实在太难了。

其实，这样的情况再正常不过。孩子对东西的认知往往是从"我的"开始的，因为他最先产生的意识是"自我"，然后才是"他人"。从"自我"到"他人"所需要的时间可能很短暂，也可能很漫长。但无论长短，孩子的分享意识都需要家长的正确引导和用心培养。

之前，我在公交车上看到过这样一幕：两位互不相识的年轻妈妈各自带着一个小女孩，其中一个女孩穿着小裙子，抱着一个漂亮的洋娃娃。另一个穿白衣的女孩很羡慕地看着对方，好几次都想伸手拨弄那个洋娃娃。

这时候，那位穿白衣女孩的妈妈温柔地对女儿说："那

你问问小妹妹愿不愿意借你抱抱？"穿裙子女孩的妈妈闻言，
也对女儿说："宝宝，把洋娃娃借给这位小姐姐抱抱吧。"

谁知道，穿裙子女孩一听妈妈的话，把洋娃娃抱得更紧
了，还哇的一声哭起来。妈妈小声地训斥了她一顿，怪她不
懂得分享。就这样，小女孩越哭越伤心。

这下子，两位妈妈都很尴尬，一位是因为借玩具不成还
把人家孩子惹哭了，另一位则觉得孩子不懂事，丝毫不懂得
分享，让别人下不来台。

平心而论，难道穿裙子的女孩做错了吗？并没有，她只
是不愿意让出自己心爱的洋娃娃罢了。妈妈却因此责备她，
难怪她会越哭越伤心。

分享本来是一件快乐的事情，为什么有时候却变得这么
伤人呢？这可能与家长的引导和教育方式有关。如果家长过
分强调分享，而不能很好地照顾孩子的情绪，原本应该带来
快乐的分享反而可能变成伤害孩子的利刃。

光光一直对去年发生的一件事耿耿于怀，那就是当时妈
妈强行把他的玩具车送给了表弟。在他哭闹着不同意的时候，
妈妈还指责他不够友好，不懂得分享，是个"自私鬼"。

尽管光光现在已经 10 岁了，可他还是很难理解，为什么
妈妈要把他最喜欢的玩具车送人，还美其名曰"分享"呢？
现在，他也喜欢跟好朋友一起分享好吃的、学习资料和其他

小玩具，怎能说他是自私鬼呢？

每每想到这件事，光光就对妈妈满怀怨气。正是因此，他经常跟"不懂他"的妈妈抬杠。

起初妈妈不明就里，只觉得光光到了青春期开始叛逆。后来才知道，原来光光是对一件她早就忘了的小事耿耿于怀。也是从那时起，她才知道光光对分享有着自己的一套标准：有的东西可以分享，有的东西不可以分享。于是，她真诚地向光光道了歉。时隔一年，母子俩终于修复了亲子关系。

分享是一种美德，要让孩子养成分享的美德，最重要的是让他体验到分享的快乐，这样自然能形成分享的习惯。所以，要想孩子学会分享，家长应该学会引导，可以这么做。

是否愿意与好朋友分享刚买的玩具

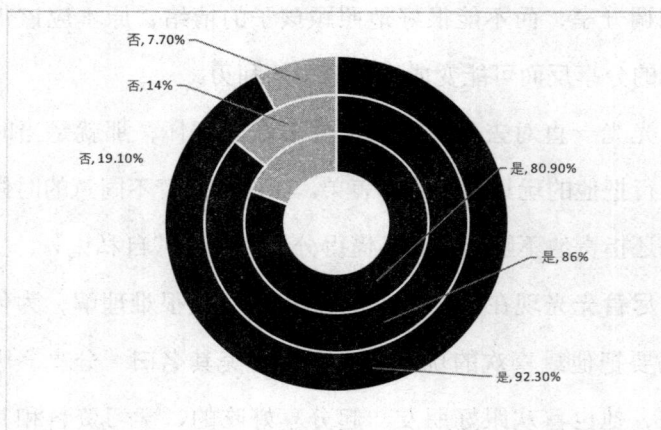

否,7.70%
否,14%
否,19.10%
是,80.90%
是,86%
是,92.30%

1. 分享要以尊重孩子的意愿为主

分享建立在孩子自愿的基础上。要知道，任何人在被剥夺所有物的时候，都不会感到快乐，只会觉得自己是被逼迫的。同样，我们希望孩子学会分享，是希望孩子从分享中能感受到快乐。一切分享都要尊重孩子的意愿，不应该强迫他，更不应该指责他。

家长应该与孩子站在"统一战线"，在分享这件事情上做到完全尊重孩子的想法，而非将自己的意愿强加在孩子身上。同时，还应该明确，家长不应该给孩子灌输"不分享就是坏孩子"的理念。

2. 物品分类分享法

不少孩子有着自己的一套分享标准，对他们来说，有些东西可以分享，有些东西不可以分享。

如果家长希望引导孩子学会分享，可以选择与孩子一起对他的东西进行分类：哪些是他非常喜欢，绝对不能与别人分享的；哪些是可以借给别人的；哪些是可以送给别人的。总之，这些东西由孩子自己做主，他拥有绝对的分享支配权。

随着孩子慢慢长大，绝对不愿意分享的东西也可能变成愿意分享的，但是决定权和支配权还是掌握在他自己手中。这样的引导方式，既能让孩子学会分享，又不至于损害他的

"自我意识"。

分享，需要家长引导和孩子自己学习，它应该是一件快乐的事情，而不是充满不愉快的体验。所以，不要逼着孩子去分享，对此，每位家长都要胸中有数。

◎ 平等交友，而不是刻意讨好

有时候，孩子可能会问你这样一些问题：如果交不到朋友，怎么办？如果别人不跟我玩，怎么办？我要怎样才能交到朋友？当孩子问这类问题的时候，你就要注意了，你的回答可能会影响孩子以后的社交理念乃至他的一生。

孩子开始有了社交意识以后，他会对社交规则产生各种的疑惑，可能会很茫然：怎样才能交到朋友？在这一阶段，他对平等的理解并不充分，如果未能得到很好的引导，他可能会陷入刻意讨好的怪圈，这对他的正常社交有着极大的伤害。

　　妈妈最近发现，刚上小学一年级的咪咪居然学会了偷家里的钱。这让她很心痛又愤怒，这是否代表孩子开始误入岐途了呢？她很苦恼，但又不敢轻举妄动，生怕不小心伤害到咪咪幼小的心灵。但她也知道，如果不尽早干预，孩子可能会在小偷小摸的道路上越走越远。

　　思来想去，妈妈决定求助咪咪的班主任。班主任观察后发现，咪咪偷钱并不是为了自己消费，而是给同学丽丽买礼物，而且是每天一份。班主任追问下，咪咪才吞吞吐吐地说出实情：她想和丽丽交朋友，所以才每天都给丽丽送礼物。

　　这时候，妈妈和班主任才意识到，咪咪身上存在的问题不仅是偷钱那么简单，还有交友意识的问题。本来，朋友间互赠礼物再正常不过，但是为了保持好友关系，每日赠送礼物已经偏离了赠送原有的意义。

　　妈妈问咪咪："你为什么要每天都给丽丽送礼物呢？"咪咪垂头丧气地回答："因为我不送她礼物，她就不理我了。"咪咪的神情让妈妈十分心疼。一直以来，她都在教育孩子"多个朋友多条路"，却忘了告诉孩子："交友不应该靠委曲求全地讨好。"

　　其实，咪咪的困扰也是许多小朋友曾经或正在遭遇的。

　　很多孩子在交友前都害怕自己会被拒绝，尤其是当他们经历幼儿园升小学、小学升初中、初中升高中这类的转折时间点时。从一个熟悉的环境突然转到陌生环境，他们势必会害怕孤独。此时，社交就成为他们最重视的问题。所以，有些交友意识，父母应该尽早教会孩子。

记得有一次，我与朋友分别带着孩子去郊外聚会。常姐 5 岁的女儿琳琳，成为那次聚会中最让我们心疼的孩子。

由于其他几人带的都是男孩子，而男孩子大多喜欢和同性一起玩耍，结果琳琳就落单了。为了融入男孩子的游戏，琳琳把自己最喜欢吃的饼干分享给大家，又主动给男孩子打下手，还屁颠屁颠跟在男孩子身后跑。

看着琳琳讨好地对其他孩子笑的模样，我们心疼极了。可是常姐却不以为然，在她看来，要想打开社交圈就要靠主动，这也是她一贯给琳琳灌输的观念。

"这样委曲求全，琳琳真的能在交友中收获快乐吗？"我问常姐。

常姐想了想，撇着嘴没再说话。我们把孩子叫了回来，因为我们都知道，比起玩乐，更重要的是教会孩子如何尊重朋友。在我们的影响下，常姐也告诉琳琳：朋友并非讨好得来的。

确实，常姐原有的社交理念也有正确之处，那就是打开社交圈要靠主动。但是，这样的主动应该建立在平等的基础上，而不是讨好。

我们进行社交活动，是为了得到同伴的认可和接纳，不是刻意讨好同伴换取所谓的融入。如果交友过程中不能让孩子变得自尊、自信，反而变得卑微，这种社交活动就毫无意义，甚至得不偿失。

因此，在孩子交友之前，家长一定要告诉他一些正确交友的道理。

过度

讨好型人格三大特征

认同　评价

1. 社交活动可以主动，但不能卑微

社交活动交友时，主动付出与讨好有着天壤之别，但孩子未必能够发现。所以，家长应该告诉他，好朋友之间是相互尊重的，只有这样，友谊才能长久——你可以为朋友付出，但是不能毫无底线，更不应该为了朋友违背自己的原则。

在孩子建立社交的时候，家长应该留心关注孩子是否为了社交而过分委屈自己。当发现类似的苗头时，你可以提醒孩子，如果不开心就应该及时向朋友提出来，因为真正的好朋友都会尊重对方的感受，而不是明知对方不开心，还要逼着对方做不喜欢的事情。

2. 做好自己，别人就会被你吸引

孩子之所以担心自己交不到朋友，可能是因为他的不自信，年纪尚浅且无法理解人与人之间的微妙关系。

这时候，家长应该及时引导孩子成为自信的人，告诉他，朋友是吸引来的。每个人都有闪光点，这些闪光点足以为他吸引到志同道合的人。他的任务就是不断放大自己的闪光点，做好自己，而不是委曲求全地讨好别人。

真正牢固的友谊应该是。我欣赏你的优点，你也欣赏我的优点。我们做最好的自己，就能吸引到最好的朋友。

3. 平等对待，才能收获真朋友

在交友过程中，有的孩子可能会倚仗自己的优势产生傲慢情绪。这并不利于孩子建立社交圈，因为高高在上的姿态永远无法交到真心朋友。

如果孩子出现类似状态，家长必须严肃地对他进行教育，让他明白朋友之间平等最重要，一个不懂得尊重朋友的人是不配交到朋友的，这样的人最终只能成为孤单的人。

交友是孩子成长中的一件大事，如何交友才能不卑微，更是孩子一生中的重要命题。你需要让孩子知道的是，真正的朋友不需要讨好，讨好得来的友谊其实并不牢固。

◎ 告诉孩子，不用得到所有人的喜欢

许多人交友时会落入这样的窠臼：希望得到所有人的喜欢。这样的心态容易滋生很多问题：过分在意别人的看法，会变得闷闷不乐，出现讨好型人格、假完美主义。这些问题对孩子来说，无不蚕食着他的心灵，让他变得偏执、自卑。

孩子存在这样的谬误也很正常。儿童心理学研究表明，每个孩子都渴望成为大家的中心，这时候，他很难接受有人不喜欢自己。此时需要家长对孩子进行引导，让他知道，试图得到每个人的喜欢是不可能的，也不必得到每个人的喜欢。

自从当上五（2）班的班长后，深深总是愁眉苦脸的，还因此影响了学习，成绩直线下降。这让爸爸妈妈很着急，本以为深深当了班长就能够更好地约束自己，却没想到成绩一

落千丈。

妈妈仔细一问，才知道深深担任班长后压力太大了：他总希望自己能够成为最好的班长，成为全班同学都喜欢的对象。谁知道，无论他怎么努力，还是有些同学不喜欢他，总是跟他热络不起来。这愁坏了深深，他每天都在思考怎样才能赢得全班同学的喜欢，最希望的就是下次竞选班长时能够全票通过，少一票都会觉得不开心。这样一来，他的学习自然就耽误了。

"妈妈，是我哪里做得不好吗？为什么还是有同学不喜欢我？"深深问。

儿子难过的神情，让妈妈十分心疼："其实，你没有那么差，因为无论多优秀的人，都无法得到每个人的喜欢。"

像深深一样，很多孩子缺乏安全感，内心敏感，很在意别人的看法。有时候，可能只是别人的一句话、一个动作，乃至一个表情，都会让他们陷入惆怅：为什么他不喜欢我？这样紧绷的状态，让人想想都觉得很累。

身为家长，当然不希望自己的孩子变成一个小心翼翼去博取每个人都喜欢的人。

前些天，我去朋友公司办事，在车站等车时，碰巧听到一对母女的对话。女孩子十四五岁的模样，正与母亲谈论着自己的住宿生活，说着说着眼圈就红了。她告诉妈妈："我觉得心好累啊！"这句话引起了我的兴趣，是什么原因能让一个青春期的孩子说出"心累"？

在她的谈话中，我发现这个女孩子的成绩优异，平时乐于助人，身边有一群很不错的朋友。这让我更好奇了，是什么让她如此心累，她还有什么不满意的地方？

接下来，女孩的一句话让我明白了，她不满意的其实是自己。她说："无论我怎么努力，好像都没办法让所有人满意，还是有很多人不喜欢我。"

好在妈妈是位明智的家长，她反问女儿："你是人民币吗？"

女孩起初有点儿不明白，摇了摇头。妈妈摸着她的头，说："既然你不是人民币，怎么可能人人都喜欢呢？得不到所有人的喜欢，不代表你不够好。"听到这里，女孩的泪水渐渐止住。

这对母女后面的故事，我无从知晓，但是我相信，这位母亲一定能够很好地引导孩子正确看待自己。

很显然，孩子的内心是不够强大的，所以在成长的过程中，他可能会迷茫，继而迷失自我，永远活在别人的阴影下。一旦他沉迷其中，就可能永远也得不到快乐，只能小心翼翼地维护着自己的社交关系。并且，这样的社交关系也未必能如他所愿，因为真的没有人能得到所有人的喜欢。

所以，在孩子开始社交时，你一定要告诉孩子这些事情。

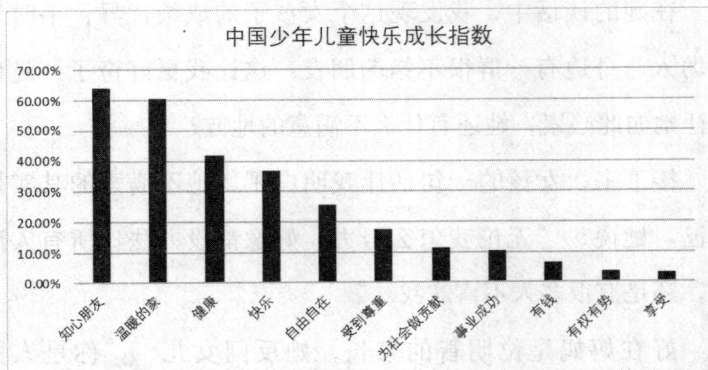

中国少年儿童快乐成长指数

知心朋友 / 温暖的家 / 健康 / 快乐 / 自由自在 / 受到尊重 / 为社会做贡献 / 事业成功 / 有钱 / 有权有势 / 享受

1. 尊重差异的存在

每个人都是独一无二的，所以，个人的想法都会有所不同。社交的过程，其实是求大同存小异的过程——人和人之所以能够成为朋友，一定是因为他们有足够多的相同之处，而不是毫无差异。

有些时候，人家之所以不喜欢你，并不是你不够好，而是你们之间存在差异。就像你喜欢吃香蕉，不喜欢吃香蕉的人不喜欢你，是因为你们的口味存在差异，而不是说你喜欢吃香蕉是错的。

只要存在差异，你就不可能得到所有人的喜欢。在交友的时候，最重要的并不是完全磨灭自己，追求每个人都喜欢你，而是与一群志同道合的人相遇，然后一起经历彼此都喜欢的事情。

2. 依靠伪装得到的友谊并不牢靠

当你在别人面前努力伪装自己以期得到他们的喜爱后，你可能就再也摘不下这个面具了。等到某一天你的真面目被揭穿，不仅会失去这群因为你的面具而喜欢你的人，还可能会伤害那群因为你的真实而喜欢你的人。

任何依靠伪装才能得到的友谊都很难长久，既然如此，你为什么一定要执着地追求这种毫无意义、无法长久的友谊呢？用更多的精力维护真正的友谊，难道不更好吗？

3. 朋友贵精，不贵多

"多个朋友多条路"，这确实没错。但是，这里的"朋友"应该指的是与你志同道合的人，而不是随便的任何一个人。

人的一生不可能跟成千上万的人都成为朋友，找到几个风雨同舟的好朋友，努力维护好你们的友谊就可以了。

早在孩子刚开始有社交意识的时候，家长就应该告诉他这样的道理：这个世界上没有人能够被所有人喜欢和欣赏。他不必有压力，也不用小心翼翼地讨好任何人，做最好的自己，维护好那些本来就喜欢自己的人就够了。

◎ 尊重孩子的朋友，就是尊重孩子本人

朋友是人生中宝贵的财富之一，所以，我们非常鼓励孩子交朋友，让他搭建自己的社交圈。但很多时候，不少家长却忽略了同样重要的一件事：尊重孩子的朋友。

在孩子的世界里，父母占据着极其重要的位置。因此，当他有了好朋友的时候，最期待的就是得到父母的认可。如果父母能够珍视他的朋友，他就会感到由衷的快乐。相反，如果父母不能给予孩子的朋友相应的尊重，孩子就会感到自己遭到了轻视，丢掉了颜面。

每到周末，刚子总会约上一帮小伙伴来家里玩耍。这些孩子正是调皮的年纪，一进门就开始吵吵闹闹、蹦蹦跳跳，要么乱扔玩具，要么打起水仗，把刚子的家里搅得天翻地覆。

如此一来，家长收拾起来费功夫不说，喜好清静的奶奶更是苦不堪言。

又是一个周六，奶奶终于对刚子和他的小伙伴发脾气

了。那时候，小伙伴们正在客厅里打水仗，玩得不亦乐乎。奶奶一气之下从房间里走出来，黑着脸，站在门口没好气地喊道："你们全给我回家去，吵吵闹闹的，一点儿都不像个好孩子。"

本来玩得正欢的孩子们霎时安静下来，一个个就像霜打的茄子一样垂头丧气地走了。后来，这些小伙伴一个也不敢再到刚子家玩了。也是从那天起，刚子变得沉默寡言，也不愿意再跟奶奶说话。

好在妈妈及时发现了异样，这才从刚子口中知道了事情的原委：伙伴们觉得刚子的奶奶太凶，不愿意再跟他玩；奶奶一点儿也不尊重他的朋友，他再也不喜欢奶奶了。

妈妈了解到问题所在，跟奶奶私下讨论了一番，决定把那一大帮孩子邀请到家里来，向他们表示友好。同时，跟孩子们"约法三章"：玩闹后要帮忙把屋子打扫干净。这样，孩子们很快就忘了原来的不开心。

对于孩子来说，不尊重他的朋友就等同于不尊重他本人，家长的行为让他在朋友面前丢了面子，他也就变得不开心。而且，很多时候，孩子的心思细腻而敏感，家长的不尊重行为很容易被伙伴们解读为不喜欢。这时候，他们就很可能选择疏远你的孩子。

苍苍原本是个邋遢的孩子，每次回到家就习惯性地把东西乱甩一通，臭袜子也经常扔得遍地都是。他有个好朋友缓缓，是个非常喜欢干净的小女孩，无论什么东西都摆得井井有条。

这天，妈妈对苍苍说："我觉得缓缓是个很不错的孩子。"苍苍一听，非常自豪地说："那当然，你也不看看她是谁的朋友。"

趁着苍苍自豪的劲儿，妈妈连忙引导说："那么，作为好朋友，你可不能给缓缓丢脸。你看看，你总是把东西乱丢一地，哪天被别人看到了，别人就该问缓缓怎么跟邋遢大王交朋友了。"

苍苍一听妈妈的话，随即思考了一会儿，马上把刚刚随手乱丢的东西收拾好，并表示自己一定不会给缓缓丢脸。后来，苍苍果然改掉了乱扔东西的坏毛病，桌面也收拾得干干净净。

可见，当家长以欣赏的态度看待孩子的朋友时，孩子会感到很快乐，并积极学习好朋友的长处。因为在孩子看来，家长对自己朋友的认可，代表了他们对自己交友眼光的认可和赞赏，这会让孩子感受到信任和鼓舞。所以，在孩子的日常教育中，家长应该尽量让孩子感受到你对他朋友的尊重。

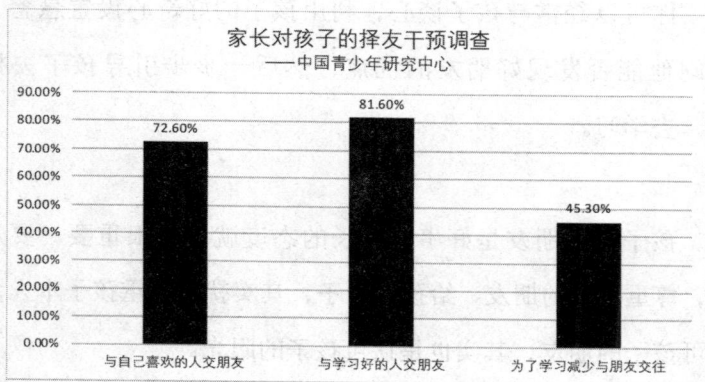

家长对孩子的择友干预调查
——中国青少年研究中心

1. 不随意私下批评孩子的朋友

因为种种原因，有些家长可能会在孩子面前对孩子朋友的某些言谈举止进行批评。或许家长的本意是避免孩子沾染上对方的不良习气，但在孩子尚未成熟的"三观"里，他会将家长的私下批评当作搬弄是非。

这样一来，非但家长的教育目的未能达到，还容易引起孩子的反感。并且，家长这样的行为也容易给孩子做出错误示范，从而导致他学会私下议论别人的长短，不利于他的身心健康发展。

2. 引导孩子发现朋友的优点

在孩子的成长中，社交起着举足轻重的作用。如果能够培养他积极发现别人的优点，并引导他学习别人的长处，将对他的人生有着莫大帮助。

你可以经常与孩子谈心，利用孩子的好奇心设置悬念，问问他能否发现好朋友的优点，然后一步步引导孩子去挖掘、去学习。

孩子有了朋友是好事，家长的态度就显得很重要。要知道，尊重孩子的朋友、给孩子面子，其实就是尊重孩子本人；认可孩子的朋友，其实也是认可孩子的眼光。

所以，我们一再强调，尊重孩子的同时，千万不要轻视他的朋友。有时候，夸夸他的朋友，比夸他更让孩子感到开心。

◎ 孩子和"坏孩子"交朋友，该怎样办

在孩子的社交活动中，所有家长最关心的一个问题非遇上"坏孩子"莫属。家长都很担心孩子在成长过程中交上"坏朋友"，然后学坏。于是，家长犹如八仙过海一般各显神通，试图干预孩子的社交，帮助他远离"坏孩子"。

"近朱者赤，近墨者黑"，这说得确实有道理。但家长的过敏反应，却不一定能如愿帮助自己的孩子远离"坏孩子"，

反而可能让孩子与自己渐行渐远。因为对孩子社交圈的强行干预，会让他感到来自父母的不尊重与不信任。这也是让许多家长伤心的地方：有时候，孩子重视朋友更甚于父母。

我们小区有这样两户邻居，他们的孩子年纪相仿，其中乔乔的脑瓜灵活，但是不太喜欢读书，另一个孩子玺玺中规中矩，成绩属于中等水平。

原本乔乔和玺玺是一对很要好的朋友，但是不知道从什么时候起，却变得很少来往。因为玺玺妈妈觉得乔乔不喜欢读书，是个"坏孩子"，所以不让玺玺跟乔乔玩儿。

起初，玺玺强烈反抗。但是，聪明的乔乔也察觉到了阿姨对自己态度不善，就主动远离了玺玺。从那时候起，玺玺不再活泼快乐，变得格外内向。这可愁坏了妈妈，她很担心玺玺会变得性格孤僻，一直努力寻求让玺玺活泼起来的办法，但却没有反思，原来是自己的行为所导致的。

无数事实证明，乔乔并不是玺玺妈妈反对玺玺来往的第一个朋友，当然也不是最后一个。在玺玺妈妈看来，成绩不好的不是好孩子，爱玩爱闹的不是好孩子，兴趣太多的同样不是好孩子。玺玺认为，反正在妈妈看来他的朋友都是坏孩子，那他干脆就不交朋友了。

家长对孩子错交损友的担心无可厚非，但是事实上，你会发现，每个孩子在小时候都是纯真善良的，是后来的境遇让他染上不同的色彩，并不是单纯地隔离"坏孩子"就能避免他学坏。相反，家长用有色眼镜看待孩子与他的朋友，会让孩子过早沾染上功利的习气。

以前，我收到过一位家长 W 的来信，他痛心地向我诉说了对儿子的担心。

W 的儿子自律好学，成绩不错，一直让他很放心。但是，就在孩子即将步入初三的那个暑假，他却跟一些成绩靠后的同学成了好朋友，时常与他们一起玩耍。

为阻止孩子误入岐途，W 又是尝试与孩子谈心，又是没收手机把孩子关在家里。即使这样，也挽回不了孩子想跟"坏孩子"交朋友的心，孩子甚至还出言顶撞："你一点儿都不知道什么叫朋友，凭什么不允许我交朋友？"

儿子的话句句锥心，让 W 很难受。何况他并不是不让孩子交朋友，而是希望孩子能够远离"坏孩子"，多跟"好孩子"来往。不想，儿子又顶撞道："你就是一个势利鬼，实在太讨厌了！"从此，他的家庭关系变得剑拔弩张。

研究表明，在交朋友这件事上，家长的功利心确实比孩子强很多。具体体现在，孩子交朋友并无所谓的等级之分，而家长常常以成绩、礼貌、资源等为维度将孩子的朋友划分好几个等级，并按照等级要求孩子应该与怎样的人来往，拒绝与某些人交往。

可是孩子年纪尚浅，正是天真烂漫的时候，家长为什么一定要用成年人的眼光玷污他的童年世界呢？对待孩子交往"坏朋友"，你应该这样做。

2009-2018年青少年犯罪人数

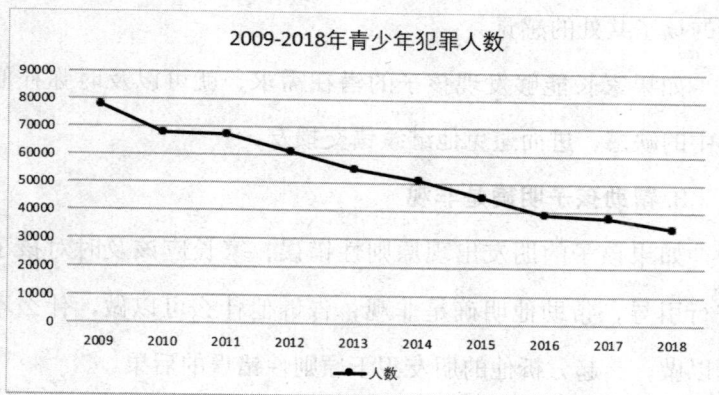

1. 与孩子一起发现"坏孩子"的好

这个世界从来都不是非黑即白，孩子也是一样的。纵使一个孩子成绩差、不喜欢学习，但他身上同样有着闪光点。

家长可以细心观察孩子身边的朋友，把他们的优点和缺点记录下来，在与孩子沟通时拿出来一起讨论，重点引导孩子学习对方的长处，然后辅以缺点教育。这可以帮助孩子更全面地认识自己的朋友，使避免孩子"学坏"这个过程变得和谐且温和。

2. 寻找孩子藏在心里的缺憾

有时候，孩子与"坏孩子"来往是为了弥补心中的缺憾。

当孩子执着于与某些孩子来往时，往往是那些孩子身上有着他一直想追求的东西。比如，他喜欢跟贪玩的孩子一起玩儿，可能是因为父母的陪伴太少，让他更向往与会玩、贪玩的孩子共处的感觉。

如果家长能够发现孩子的潜在需求，就可以及时弥补他心中的缺憾，进而避免他继续错交损友。

3. 帮助孩子明确是非观

如果孩子的朋友出现原则性错误，家长应该及时对孩子进行引导，帮助他明确是非观，告诉他什么可以做、什么不可以做，一起分析他的朋友犯下原则性错误的后果。

孩子有了正确的是非观，了解了犯错的后果，才能主动远离这些原则性错误。否则，纵使家长一味阻挠来往，不明事理的孩子也无法理解家长的行为，还是会在择友方面存在较大的困扰。

孩子与"坏孩子"来往，并没有你想象中那么可怕，有时候"坏孩子"只是成年人下的定义。在孩子的世界里，就要按照他的社交规则进行引导，而不应该"一刀切"地限制孩子的社交圈，使他错失朋友。

○
○
○

/ 第八章 /

认知管理：让孩子真正认识自己

○
○
○

◎ 家长的行为影响着孩子的是非观

判定一个孩子是否优秀，其实并不限于孩子是否聪明、成绩如何、爱好是否广泛，重要的是看这个孩子是否能够明辨是非。培养一个拥有正确是非观、能够明确可为和不可为、走正道的孩子，才是教育的目的。

每个人都不是生来就具备是非观，而是需要不断学习，包括家长的言传身教和学校氛围的影响，才能逐步形成正确的是非观。在培养孩子的是非观时，家长的行为占据十分重要的地位，一言一行都影响着孩子的是非观。

一天，7 岁的小品在楼下跟小朋友玩儿。不一会儿，他被楼下小卖部的阿姨拉到父母面前，说他偷东西。爸爸很惊讶，但售货阿姨说当时很多人都看见了，爸爸只好连忙向售货阿姨赔礼道歉，承诺会好好管教小品。

等到售货阿姨走后，爸爸问小品怎么回事。谁知小品觉得自己并没有做错什么，不以为然地说："我只是拿了个橡皮擦，不是偷，妈妈也拿过的！"

原来，平时妈妈带着小品出去买水果的时候，经常会偷偷在水果摊上拿一两个小水果塞进小品手里，让他悄悄地快点儿吃。一来二去，小品就学会了贪小便宜的毛病，买文具时经常偷偷藏起一两件小物品。

就这样，小品习惯了小偷小摸的做法，并且不认为这是什么大问题。相反，他还觉得售货员阿姨太小题大做了，因为水果摊老板平时也没说什么。

这让爸爸妈妈很无奈又担心，生怕小品以后会变成一个违法犯罪的盗窃犯。也是这时候，妈妈才意识到，平时自己爱贪小便宜竟然给孩子做出坏榜样。

孩子的模仿能力很强，他尤其喜欢或者习惯性模仿家长的行为，所以最容易受到家长的影响。在教养孩子的时候，家长必须时刻要求自身拥有正确的是非观，以身作则，避免做出错误示范。同时，避免过于溺爱，不纵容孩子做出有违道德和法律的事情。

5 岁的关关是独生子，深得全家人上下宠爱。这天，妈妈准备做午饭的时候，发现厨房里的鸡蛋全都碎了，蛋清蛋黄搞得一地狼藉。妈妈一看就知道是关关搞的鬼，因为前几天，关关就惦记着要看看鸡蛋里面有没有小鸡。于是，妈妈喊来关关，问是怎么回事。

关关低着头不肯回答，只顾着玩弄手指头。妈妈很生气，便提高了嗓门批评关关。这时，奶奶跑来拦在妈妈面前，说孩子小，别吓着他。妈妈想着也不是什么大错，加上有奶奶护着，她就没继续追究关关的错。

仗着奶奶的宠爱，关关变得越来越骄横跋扈，连奶奶也不知道该怎么办了。妈妈明白，这都是长辈纵容孩子惹的祸，便私下跟奶奶做好约定，不能再惯着关关了。后来，每次关关犯错，爸爸妈妈批评他的时候，奶奶都忍住了不插手，不再不分青红皂白地护着他。

起初，关关还是无理取闹，慢慢地，他发现奶奶不再护着自己，坏脾气渐渐收敛了好多。

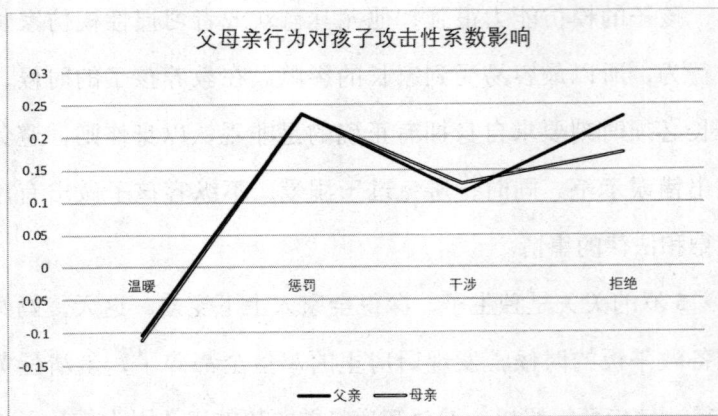

父母亲行为对孩子攻击性系数影响

其实，可以理解长辈对孩子的疼爱之心。但是在孩子的成长过程中，正值他的是非观建立之际，家长的盲目溺爱、纵容会让孩子分不清是非，以致仗着家长的宠爱肆意妄为，最终酿成苦果。

相信这并非家长疼爱孩子的本意，改变孩子的这一不良行为，你应该这样做。

1. 树立孩子正确的处世态度和原则

在孩子成长的过程中，他会不断地从家庭教育里获取为人处世的理念和信息，并将这些信息运用到生活中。所以，家长日常教育孩子的时候，就要不断为他灌输正确的处世原则与立场，并言传身教，给孩子树立良好的榜样形象，自然而然就能帮助孩子建立正确的是非观。

必要时，家长也可为孩子创设一些模拟情境，让孩子切身体会正确的处世态度和原则。

2. 勿以恶小而为之

对于孩子的成长，家长是重要的人生导师。因此，家长的一言一行在孩子眼中都会有放大的效果。

有时候，家长会认为不需要过于注重小事和细节，偶尔犯下小错也无关紧要。殊不知，这些行为都会被孩子记住，并成为阻碍孩子建立正确是非观的源头。

因此，家长应该时刻做到"勿以恶小而为之"。当然，这并不是要求家长成为毫不犯错的完人，只是当家长犯错后应及时认识到并承认。

3. 告诉孩子犯了错应该怎么办

孩子犯错后，家长除了及时指正孩子的错误，还要告诉他如何弥补。正确的是非观，并非要求孩子毫不犯错，更重要的是让孩子知道犯了错应该怎么办。

犯错不是最可怕的，最可怕的是知错犯错和一错再错。由此可见，认识错误、弥补错误、尽力避免错误，也是建立孩子是非观的要求。

孩子犯错误时，家长绝不能纵容，也不能帮助孩子遮掩。否则，孩子不仅可能在家长的纵容下变得骄横，而且可能因此造成是非观混乱，难以正确辨别事情的对与错。

◎ 每个孩子都有闪光点

善于发现孩子的闪光点，是家庭教育中的重要内容。家长要想教导好孩子，就要真正融入孩子的世界，走进他的内心。这一切都建立在孩子足够信任你的基础之上。

要想让孩子足够信任你，你就要学会挖掘他的优点。

许多人总将"人无完人，金无足赤"挂在嘴边，并习惯用发展的眼光要求孩子不断进步和超越自己，却忘了发现孩子的闪光点。

或许孩子还有许多不足，但是他身上的闪光点同样值得我们发掘和鼓励。当你能真正发自内心挖掘孩子的闪光点，并由衷赞赏他时，他才能迸发出更耀眼的光芒。

邻居家有个男孩叫阿奇，不同于其他男孩子的活泼，他表现得十分安静内敛，不太喜欢跟小伙伴交流。爸爸妈妈总是担心，他这样的性格恐怕将来无法很好地扩展自己的社交。

据我观察，阿奇平时虽然表现得很文静，但是当他拿起蜡笔的时候，眼睛里却闪烁着光芒——虽然他年仅 8 岁，却能够画得一手好看的简笔画。

我私下问过阿奇的家长，他们并没有发现孩子的这个优点，只知道阿奇平时喜欢乱涂乱画。于是，我提醒他们，可以着重培养阿奇在绘画上的技能。

平时偶遇阿奇的时候，我也会问他又画了什么作品，并大加赞赏。慢慢地，原本害羞、孤僻的阿奇见到我的时候会主动打招呼，偶尔还会把自己的画作拿来给我看。此时的阿奇眼睛亮晶晶的，丝毫不像原本那个沉默寡言的小男孩。

听阿奇的爸爸妈妈说，他们后来也时常鼓励阿奇在同学和老师面前露两手，参与班里的黑板报设计等，同学们都纷纷主动向阿奇学习。在自己擅长的领域，阿奇也乐于帮助别人，性格也渐渐变得开朗起来。

孩子都希望自己能够得到大人的认可和鼓励，尤其对于他一些不显眼的优点，如果家长能够及时发现并加以鼓励，他就会受到莫大鼓舞，并不断努力去"打磨"自己的这个闪光点。

我有个朋友 Z，夫妻都是理科高才生，偏偏女儿在理科方面弱得很。简单的数学题，他们需要帮女儿反复讲解，有时她还未必能够完全理解。这让 Z 很气馁，也很焦虑。

后来，Z 转变观念，开始用挖掘优点的方式看女儿时，却发现她虽然理科成绩一塌糊涂，但是文科成绩却很突出，写得一手好作文，偶尔还能冒出几句让人惊叹的佳句。

这个发现让 Z 夫妇都很振奋，他们不再苛求孩子能在理科上有所突破，转而不断鼓励女儿学习文科，经常与她一起探讨作文写法。

当家长的态度转变后，家庭氛围也变得越来越好，批评声少了，表扬的声音多了。从那时候起，Z 发现女儿悄悄变了，变得自信，每每讲起文科知识的时候，她就好像全身都笼罩在光芒中，十分耀眼。

受文科成绩的影响，女儿的理科成绩竟然也有了提升。

女儿告诉 Z："我太喜欢文科了，将来肯定要去更好的学校接受更好的教育，可不能让理科成绩拖了后腿。"原本让 Z 烦恼的"老大难"问题，居然在挖掘了女儿的闪光点后自动淡化，这让 Z 感到很惊喜。

世界上没有完美的孩子，也没有一无是处的孩子。一个孩子如果不能认识到自己的优点，那么可以说，他的家庭教育就是缺乏温度的，是失败的。孩子的优点，需要你带着一颗认可的心去挖掘和肯定。

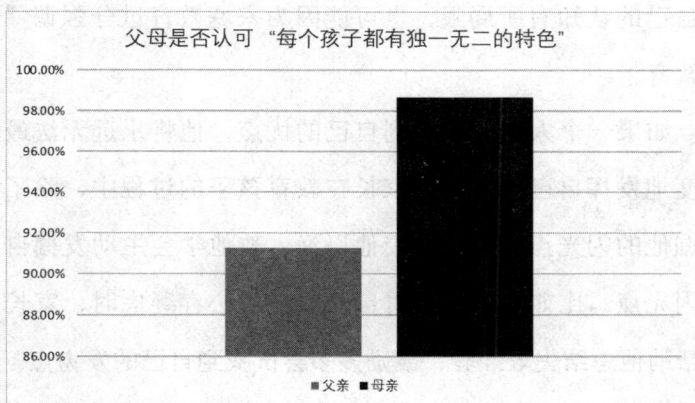

父母是否认可"每个孩子都有独一无二的特色"

1. 不要急着否定孩子的"骄傲"

当孩子取得好成绩时，第一时间往往想要与家长分享。有些家长可能出于"满招损，谦受益"的考虑，总会在这个时候给孩子泼上一盆冷水，以免他骄傲自满。

事实上，这样的做法最容易让孩子的自尊、自信心受挫，以致渐渐难以发现自己的优点。要知道，"过谦"并不是一件好事。

所以，当孩子兴高采烈地与你分享他的成绩时，不要急着否定他，而应该先肯定，满足他对表扬的需求，然后再鼓励他再接再厉，不能骄傲自满。这样，孩子既得到了鼓励，有了信心，又能够秉持谦逊的姿态继续努力。

2. 引导孩子发现自己的闪光点

很多时候，孩子不清楚自己的优点在哪里，这是因为他对自己的认知有所局限，也可能因为家庭教育过分强调"缺点教育"。

如果一个人无法认识到自己的优点，他将永远无法最大限度地发挥自己的优点。家长在教育孩子的过程中，除了要发掘他的闪光点外，还要授他以渔，教他学会主动发掘自己的闪光点。比如，当孩子对自己的能力心存疑虑时，家长应该帮助他总结失败经验，鼓励多多尝试找到自己的发力点。

在教育孩子之前，要先认识他，这就包括全面认识孩子的优缺点。正所谓"扬长避短"，如果家长只能单纯认识孩子的缺点，而掩盖了孩子的优点，就无法让孩子的优势迸发出更强大的力量。

同样，如果一个孩子无法认识到自己的优点，他将陷于迷茫中，更不懂得如何利用优点让自己更上一层楼。

◎ 所有人都不可能完美无瑕

我们可以不要求孩子成绩优异，也可以不要求孩子拥有广泛的兴趣爱好，但是一定要让孩子拥有正确的是非观。只有拥有正确的是非观，孩子才能在未来的人生道路上明辨黑白，坚持正道。

每位家长都希望自己的孩子变得更好，甚至过分强迫孩子追求完美。但是，世界上从来没有什么是完美无瑕的，只有允许孩子"不完美"，才能帮助孩子走得更高更远。

某些家长习惯性地对孩子发脾气，认为孩子做得不够好，不够完美。他们误以为只有让孩子追求完美，才能鞭策他不断变好。殊不知，这样的追求却更像一种有条件的爱——只有你足够完美，我才愿意接纳你、爱你。

有些孩子成年后不断陷入追求无条件的爱的怪圈，具体表现为安全感缺失、多疑等，这些大多是因为他们在小时候没能感受到来自父母无条件的爱，他们的不完美未能得到父母的接纳。

在一次育儿分享会上，我听到一群母亲的聊天。其中一个妈妈说："上学期的期末汇演，女儿琪琪因为不肯上台表演而大哭大闹。"这件事引起热烈讨论。另一个妈妈表示，孩子就应该"德智体美劳"全面发展，年纪越小的孩子越要多攒点儿上台经验，以后才能不怯场。

大部分妈妈随声附和。但是，琪琪妈妈摇头表示反对。在她看来，孩子有自己不擅长、不喜欢的东西再正常不过，当时那件事情如果她提前知晓了，就一定不会让琪琪独自面对。

听了琪琪妈妈的观点，大家七嘴八舌地"指点"起来，认为她太溺爱女儿了，这样不利于女儿的发展。琪琪妈妈却掷地有声地说："其实，我们自己也不完美，为什么不能允许孩子有不完美的地方呢？"这句话一出，其他妈妈陷入沉默。

在多数人希望孩子完美无瑕理念的影响下，琪琪妈妈的认知就显得尤为珍贵。没有任何人能做到完美，偏执地要求孩子完美，很多时候容易成为伤害孩子的利刃，因为他永远不可能达到完美，也永远得不到偏执父母的接纳和赞赏。

育儿分享会的休息时间，有位妈妈（便于写作，这里就称呼她为 C 女士）跟我说："我是学理科专业的，但是女儿在理科方面却表现平平，有时候在我看来很简单的一道数学题，孩子却需要老师和我反复讲很多次才能勉强理解。"

这让 C 女士很焦虑，也经常批评女儿，每次女儿都会委屈得直掉眼泪。她也很心疼，但下次依旧会因为女儿的"愚笨"而发怒。于是，她家时常笼罩在批评女儿的阴霾下。纵使如此，女儿的理科成绩也未能得到提高，她反而变得怯懦，不再跟 C 女士亲热。

直到一次，女儿问道："妈妈，我是不是变得很糟糕？你是不是不喜欢我了？"

C 女士猛地一惊，女儿是自己的心头肉，她怎么会这么想呢？于是，C 女士开始反思自己的行为：她的批评和呵斥除了让女儿害怕和不安外，并不能让女儿的成绩得到提高。回想起女儿刚出生的时候，她和先生最大的期望就是女儿能够平安快乐。可是自从女儿上学后，她的心态就开始焦躁起来，希望女儿科科成绩优异，一切变得完美。这让女儿背负了太多的期望，于是，家里的呵斥声多了，女儿的笑容少了。

反思过后，C 女士开始调整自己的心态，降低对女儿的期望，心平气和地接纳孩子的不足，不再要求孩子在每门学科上都能取得最好成绩。

渐渐地，C 女士发现自己能很好地控制情绪，对待孩子的
时候变得有耐心，也很少感受到焦虑了。她发现，其实孩子
并没有自己想象中的那么糟糕。就这样，一家人又恢复了其
乐融融的家庭氛围。

望子成龙、盼女成凤是每位家长的心理期望。

不可否认，鞭策孩子不断前进，对孩子的成长是有好处
的。但是，家长也应该时刻提醒自己：鞭策应该是让孩子追
求更好，而不是最好。接纳不完美的孩子，你可以这样做。

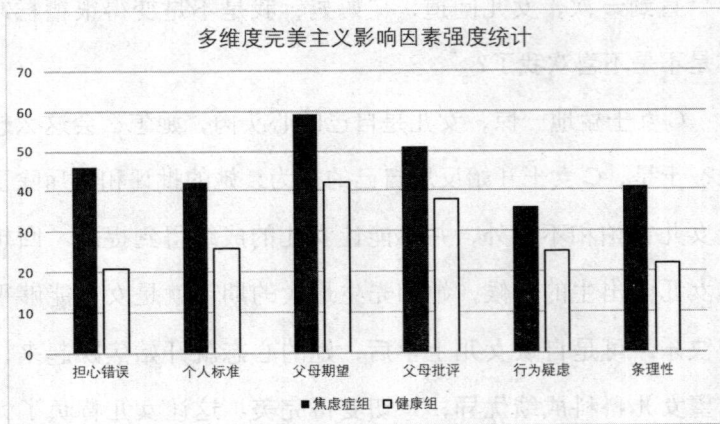

多维度完美主义影响因素强度统计

1. 告诉孩子，每个人都不一样

世界上没有两片同样的叶子，也没有两个一模一样的人。

有时候，孩子在某方面不如别人，不是因为他的态度有问题，而是他确实不擅长。

我们不可能要求每个孩子都是全才，所以当孩子在某些不擅长的方面遭遇挫折时，家长应该第一时间摆正观念并宽慰孩子，允许他有力所不能及的地方。同时，也要鼓励他继续尝试，但不强迫他一定要在某些方面取得成功。

2. 告诉孩子，父母是无条件爱他的

家长对孩子的爱是无条件的。如果家长过分追求完美的孩子，这对孩子所发出的信号就等于一种有条件的爱：只有你完美，我才会爱你。所以，有的人终其一生都在寻找无条件的爱，因为他在童年时期并未获得过这种来自父母的无条件的接纳和爱——他偏执、缺爱、不自信，且缺乏安全感。

家长对孩子的爱，应该是陪伴孩子变得越来越好，告诉他：你爱他是无条件的，你对他有要求是为了他能变得更好，而不是一味让他追求完美，做到最好。

我们都知道"人无完人"，那么，为什么要强迫孩子变成完人呢？

接纳孩子有自己所不能及的，并不妨碍他变得越来越好。相反，只有放弃让孩子追求最好，他才有可能变得更好。

做孩子的好父母，应该从给予孩子无条件的爱开始。

◎ 他撒了谎，为什么却得到了表扬

世界从来都不是非黑即白的，同样，谎言也分为恶意和善意。区分善意的谎言对成年人来说很容易，但是对于孩子来说，善意的谎言依旧是谎言。结果，他小小的脑袋里总会有这样的疑问：对方说了谎，为什么却能得到表扬？

心理学研究表明，7 岁的孩子面对善意的谎言时，往往会出现负面评价。因为在他们看来，无论利己还是利他都是欺骗性行为，是不道德的。对于 9 ～ 11 岁的孩子，他们在面对善意的谎言时，评价会相对趋于中性——在他们看来，这样的欺骗是不道德的。

可见，孩子普遍不赞同善意谎言的存在。这是因为，他的"三观"还未能完全建立，对于世事评判也仅限于非黑即白。

一次，7 岁的蓬蓬随爸爸妈妈去奶奶家。吃饭的时候，奶奶指着一大桌子饭菜，高兴地问："蓬蓬，喜不喜欢奶奶做的菜？"

蓬蓬正想摇摇头，这时候，妈妈悄悄冲他使了个眼色，他马上心领神会地回答道："当然喜欢，奶奶做的菜都很好吃！"一句话把奶奶哄得很开心，一直让他多吃点儿。

后来，奶奶又拿了一件新衣服给蓬蓬。那件衣服款式老气，可是蓬蓬在妈妈的暗示下"高兴"地接了下来，还告诉奶奶他很喜欢。

此事过后，蓬蓬的内心很纠结。于是他问妈妈："为什么要让我骗人？明明奶奶做的菜太油腻且有点儿咸，送我的衣服也不是我喜欢的。"

妈妈告诉他："奶奶的口味重，所以煮的饭菜可能不合你的口味。上了年纪的人，喜欢的衣服款式也跟年轻人不同。但是，这些都代表了奶奶的一片心意，你跟奶奶说喜欢，其实是一个安慰奶奶的善意谎言。"

蓬蓬听了，似懂非懂地点点头。

莎士比亚说："生活中，善意的谎言可以让生活增添色彩。"很多时候，我们说出善意的谎言是为了安抚别人，但这并不代表说谎是对的，也不代表善意的谎言能够频繁被使用。

盲目要求孩子说出一些违背原则的话，容易扼杀孩子纯真的天性。所以，善意的谎言只能适当而为，不能频繁使用。

阿燕最近跟上二年级的儿子航航闹矛盾了。事情的起因是，学校有手工课，于是航航用各式各样的纸盒剪切拼贴，给自己做了一顶小帽子。为此，航航花了好几天的时间，做好后，他还兴高采烈地拿到妈妈面前求表扬。

从手工作品的角度来讲，这顶小帽子确实做得不错，阿燕就夸航航做得真好。航航接着追问道："那我戴上这顶帽子，是不是特别帅？"

一顶用纸板拼接的帽子，怎么能真的戴呢？尽管阿燕心里这样想，可是看着航航亮晶晶的眼睛，她实在不忍伤他的心，只好安抚他说："是啊，航航戴上这顶帽子会更帅。"

没想到，得到妈妈的鼓舞，航航第二天居然偷偷地把帽子放进书包里，一进学校就戴上了。显然，他的宝贝帽子并没有得到同学的赞赏，大家都说他戴着纸帽子太傻了，老师也勒令他赶紧把纸帽子摘下来。

这下航航伤心了，回家后质问妈妈为什么要骗他。阿燕哑口无言，她本来想用善意的谎言哄航航开心，哪知道会出现这样的情况。

不可否认，阿燕的本意是好的，她不愿意伤了孩子的心。可是，在某些情况下，善意的谎言往往只能对真相起到缓冲作用，并不能真的让事实变好。等到谎言被揭穿时，欺骗之人不仅要承受真相的伤害，而且要承受信任的崩塌。

可见，善意的谎言是把双刃剑，因此，家长需要引导孩子正确理解和运用它。帮助孩子理解善意的谎言，你应该这样做。

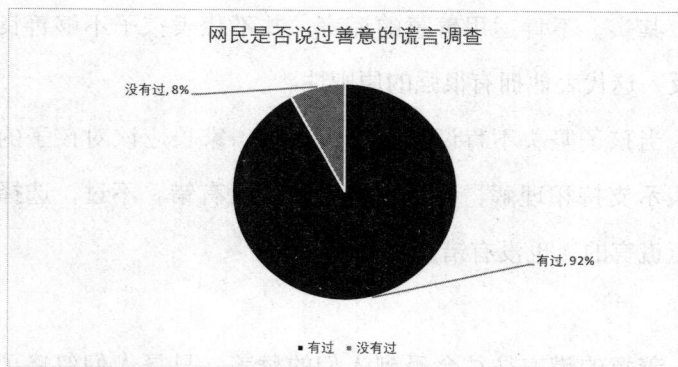

网民是否说过善意的谎言调查

没有过,8%

有过,92%

▪ 有过 ▪ 没有过

1. 不要特意教孩子说善意的谎言

为了培养孩子的善意，有的家长会特地创造情境教孩子说善意的谎言。事实上，家长的这一做法会令年幼的孩子很费解，因为他的思维较简单，很难理解什么叫作善意的谎言，也很难区分真实的谎言与善意的谎言之间的差别。

贸然创造情境，让孩子说出善意的谎言，反而会给孩子做出错误的示范，让心智不成熟的孩子一步步学会撒谎。最好的办法是从善意的角度出发，让孩子在成长的过程中学会善待他人，并慢慢区分哪些谎言带有善意，哪些谎言是不好的。

2. 不要强迫孩子使用善意的谎言

有时候，孩子比我们想象中的还要倔强，对于认准的事情，他很难改变观念。于是，就可能出现家长希望他用善意的谎言去安抚他人，而他却坚决不肯使用的情况。

其实，不肯运用善意的谎言，并不代表孩子不够善良，相反，这代表他拥有很强的原则性。

当孩子坚决不肯说善意的谎言时，家长应该对孩子的选择表示支持和理解，要肯定他的选择没有错。不过，选择说善意谎言的人也没有错。

善意的谎言往往会受到人们的赞美，只是人们忽略了它所带来的后果并不可被预言——或许能够安抚别人的内心，也有可能给别人造成伤害。因此，善意的谎言不应该被过度吹捧，尤其不应过度逼迫孩子运用，以免弄巧成拙。

◎ 不要随意给孩子下定义

在与很多家长的交流中，我时常听到有些家长习惯性地为自己的孩子下定义：我的孩子脑子太笨，我的孩子是个胆小鬼，甚至有的家长会因孩子一两次的偷窃行为就将其定义为"小偷"。

殊不知，这样过早地给孩子下定义，对他是一种伤害。

从心理学的角度上讲，孩子还处于成长中，他的行为和性格都是不能被定义的。如果家长过早地给孩子下定义，只会给他造成心理暗示，以至于越走越远，最终变成家长口中的"那种人"。

上幼儿园的翔翔是个活泼的孩子，可是，爸爸妈妈却觉得他有"病"，总告诉他与别的孩子不一样，并且对他的某些过分行为格外纵容。

久而久之，翔翔不仅很活泼，而且越来越捣蛋了。翔翔的转变，让不知情的幼儿园老师感到费解，为什么翔翔变得越来越调皮了呢？

老师特地家访，这才知道，原来家长一直认为翔翔有多动症——在家里，翔翔表现得十分活泼好动，无论吃饭还是玩游戏或是睡觉前，他总是手舞足蹈，闹得全家不得安宁。这让他们很苦恼，思来想去，总觉得孩子可能患有多动症。

焦虑之余，家长不断地给翔翔灌输他是个"病人"、跟其他孩子不一样的想法，对他的一些过分调皮的举动也认为是病症导致，选择了容忍。

老师询问家长是否带孩子去医院检查了，家长说没有，只是凭借孩子好动的表现来判断的。

老师很无奈，因为从翔翔日常的表现和家长的描述来看，翔翔是个健康、好动的孩子，并不是真的多动症，是家长的"定义"让孩子变得越来越调皮。

孩子的可塑性非常强，如果家长长期对孩子输出某一界定，那么，孩子就会在这种心理暗示下一步步走向暗示的结果。然而，家长的界定往往是不准确的，这样就会导致孩子一直被困在错误的界定之内，最终迷失了自己。

同事小青告诉我，她曾经很喜欢跳舞。这让我很惊讶，因为之前公司的舞蹈类活动，她都推托说自己不会跳舞，也不喜欢。如今，她突然说小时候喜欢跳舞，让我觉得十分意外。

接下来，小青的话让我陷入了深思。她说，小时候她确实很喜欢跳舞，但由于身体不够协调，又不够柔软，所以总是受到父母的嘲笑，说她四肢太僵硬了，不适合跳舞。渐渐地，她也认为自己四肢僵硬不适合跳舞。这件事一直影响着她，直至成年后，她依然不愿跳舞。

我突然想起，每次公司聚会有跳舞项目时，小青总是脱口而出："我四肢僵硬，真的不适合跳舞。"这让我很惋惜，

因为小青父母在她童年时随口说的那句话，终将伴随她一生，
很难再有人让她再次尝试跳舞。

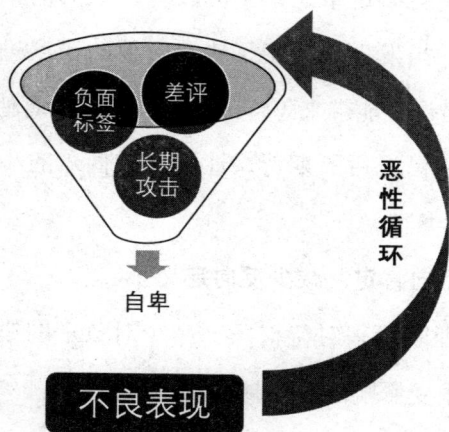

或许，你从未想过一个定义会给孩子带来怎样的影响，
也不知道孩子可能因为你随意给他下的定义而终生困在其中。

你知道吗？孩子是不能被随意定性的，他有无限可能，
所以，千万不要因为一时口快为他设下沉重的枷锁。面对还
没有定性的孩子，你应该这样做。

1. 就事论事，而不就事论人

有些家长在批评孩子的时候，总会不由自主扩大事情的
范围。比如，当孩子偷拿家里钱的时候，家长除了批评他的
偷窃行为外，还会给他扣帽子，甚至直呼其为"小偷"。

家长这样的做法，不仅不能起到教育作用，还很可能会因"小偷"一词在孩子心里留下不可修复的创伤。

无法做到就事论事，是家庭教育中最大的错误。正确的做法应该是，当发现孩子犯了错，对他的错误进行指正，并告诉他这个错误可能带来怎样的后果；还可以对他提出期待，表达你对改正错误后的期待，让他知道偶尔的小错误并不会让他成为一个坏人。

2. 增加正向肯定，减少反向定义

利用心理暗示来对待孩子，减少对孩子的错误、反向定义，以免孩子受影响而越走越远。

同理，可以多对孩子进行正向肯定，用正面的词语对孩子进行心理暗示。比如，当孩子做了某些好事时，可以夸奖他，给他颁发"善良的孩子"等一类称号，让他为自己的行为感到自豪。

孩子的成长过程中会充满变数，当家长发现孩子出现不良行为时，应该及时予以引导和教育，而不应该因此而给孩子下定义。要知道，不断变化中的孩子与这些负面词语并无关系，你的定义只会让他在错误的道路上越走越远。

不要让你随意的定义伤了孩子的心，也别让这些定义成为影响孩子一生的关键词。

○
○
○

/ 第九章 /

困难管理：不怕遇到困难，
　　　　就怕不会应对困难
○
○
○

◎ 孩子的自信是夸出来的

事实上，每个人生来都渴望着接纳和欣赏。教育家蒙台梭利说过："一个孩子一旦产生了自卑心理，那么他的生活就被冲突充斥。紧随其后，且将永远伴随孩子的将是胆怯、退缩等性格阴影。相反，如果一个孩子足够自信，那么他将有足够的能力掌握和驾驭自己的言行。"

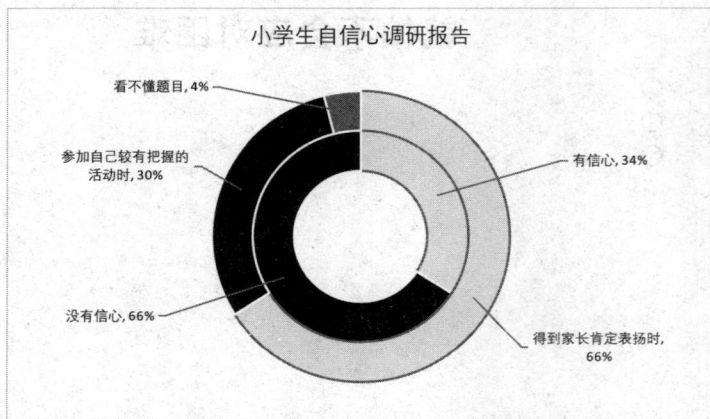

小学生自信心调研报告

看不懂题目, 4%
参加自己较有把握的活动时, 30%
有信心, 34%
没有信心, 66%
得到家长肯定表扬时, 66%

很显然，如果一个人的自信心自幼无法得到滋养，那么他的未来将会很大程度受制于这种自信匮乏。许多家长都希望自己的孩子能够成长为一个自信的人，在自己喜欢、擅长的领域勇敢追逐，不断修炼而变得更好。

可惜的是，并不是所有的父母都懂得如何让孩子更加自信。

阿璇有个聪明、乖巧的女儿米米，今年 5 岁了。米米安静内向，是个人人都夸的乖孩子，但是奶奶对她的性格却十分不满。因为米米安静听话是不错，但是她在很多时候也会显得很自卑。比如，当别的孩子都在积极展示自身才艺的时候，米米总是缩在角落里，怎么都不肯站到众人面前。

于是，奶奶经常催促阿璇带上米米去学习跳舞、主持等兴趣班。其他朋友也告诉阿璇，站上舞台能让米米变得更加自信。阿璇很困惑，这样真的就能培养米米的自信心吗？

恰巧就在新年的前一天，朋友邀请阿璇带上米米一起去欣赏一场儿童 T 台秀。看着台上落落大方的孩子，阿璇羡慕不已，原来自信的孩子真的会发光！她忙到后台询问那些小模特的家长："舞台表演真的能让孩子变得更加自信吗？"

家长们七嘴八舌地议论开来："我的孩子很喜欢走 T 台，随着走秀活动越来越多，孩子确实越来越自信了。""我觉得走秀活动让我的孩子变得开朗了。""我觉得孩子的自信要从舞台开始！"

这些议论让阿璇十分兴奋，或许她真的可以尝试让米米也参加各种 T 台活动。

就在阿璇纠结着怎么让米米也报名参加 T 台训练活动的时候，一位带队的老师却告诉她，要培养孩子的自信，还要先确定孩子喜欢什么——盲目地让孩子参加不喜欢的活动，并不能让他摆脱自卑。

事实上，自信也是父母能给孩子的最好的礼物之一。

从心理学的角度来讲，一个人的自信源于他的自我认同感。在幼年时期，这份自我认同感则源于大人对他的肯定，其中以家长为主。所以，从某种层面来讲，家长的认同和夸奖就是孩子自信的来源。

有段时间，朋友老张总跟我抱怨学校给孩子布置的家庭作业太"无理"了，每个学期都要求孩子准备 PPT 上台演讲。老张的孩子刚上三年级，"这不是难为家长吗？"老张叹息道。

但是半年之后，老张的抱怨渐渐少了。

起初，我还以为是孩子的学校取消了这项作业。后来，老张告诉我，在上台演讲的时候，孩子的胆量得到锻炼，台下的掌声和老师的表扬也让孩子越来越自信了。看着孩子流利的表达，自信坚定的眼神，老张也为孩子感到自豪。

对孩子来说，自信将会是伴随他一生的优秀品质。一个缺乏自信的孩子，无论在生活还是学习上，往往表现出犹豫、畏缩的特征，很难把握成功的机会。聪明的家长懂得如何夸出一个自信的孩子，你可以这样做。

1. 引导孩子学会认可自己

父母的认可，是孩子建立自信心最初的来源。但是要为孩子建立自信心，单靠外界的认可远远不够，更重要的是让他学会认可自己。

因此，在孩子的成长过程中，父母应该不断引导孩子认可和接纳自己。平时先发掘孩子的优势，并鼓励孩子加以扩大，帮助孩子建立某方面相对稳定的自信，接着引导孩子多方位扩展。久而久之，孩子就能找到自己的价值和发展方向。

2. 警惕有条件的赞赏

夸奖，有时也是把双刃剑。事实上，小朋友有很多出色的技能，可惜他们从来不觉得自己很优秀，也没有足够的自信支撑他们的内心。

难道是因为父母不夸奖他吗？不，如果只是父母的夸奖，很容易让他认为自己是为了父母的面子和夸奖而在努力。

举个例子，如果一个文静的孩子，只有在别人面前勇于表现自己时才能得到夸奖。久而久之，他可能会为了得到认可和表扬而努力迎合父母的要求。这时候，或许我们能看到一个外向活泼的"自信"孩子，可是这种"自信"往往是虚假的，当它越强盛，孩子的内心越空虚。因此，父母在夸奖孩子的时候应该注意以孩子的优势和兴趣为主，警惕有条件的夸奖。

自信的孩子是会发光的，这种光芒的背后还要有父母适宜的夸奖做支撑。现在，你学会如何夸出一个拥有自信的孩子了吗？

◎ 输不起比输了更可怕

人的一生总是充满各种挑战，不管多么幸运的人，或多或少总会遭遇失败。如何面对失败，考验的是一个人的情商和逆商，而这从小就要开始修炼。

孩子小的时候，家长就要告诉他，输了并不可怕，可怕的是输不起，越是输不起的人，越容易输得一败涂地。

因为，从这个人开始输不起的时候，失败的结局就已经注定。一方面，输不起意味着心态的失衡，他可能会把事情的失败进行错误归因，内心被抱怨和负能量充斥，不懂得自我反省，只会离成功越来越远；另一方面，越是输不起，就越害怕失败，并会因为这种害怕而故步自封。

在父母的培养下，6岁的吉吉十分聪明且自信。一次，吉吉参加儿童围棋比赛，结果没有进入前三名就被淘汰了。陪同的长辈很担心吉吉会遭受打击，甚至准备带他到游乐园玩一天以示安慰。不过，爸爸却丝毫不着急。

颁奖仪式结束后，吉吉果然哇地哭了出来。爷爷奶奶心疼得不得了，正想争相逗吉吉开心。谁知道吉吉一边擦眼泪，一边哽咽着说："这次是我不小心造成的，下次我一定能把比分追上来！"

孩子言语间的斗志，让几位长辈感到十分震撼，原来吉吉年纪虽小，却不是一个输不起的人！

这一切都得益于爸爸妈妈对吉吉的教育：失败是成功之母，偶尔遭遇失败没关系，总结好经验，下次一定能行。这样的理念一直贯穿吉吉的家庭教育，所以面对这次围棋比赛的失利，吉吉虽然难过，却不会输不起。

从心理学的角度来说，儿童"输不起"很正常。因为孩子的年纪尚幼，会比较执着对很多事情追求"完美"，尤其需要得到父母的认可。因此一旦受挫，他就很容易产生消极情绪。

这个时候，父母需要对孩子进行引导，才能让他认识到失败不要紧，最重要的是输得起。

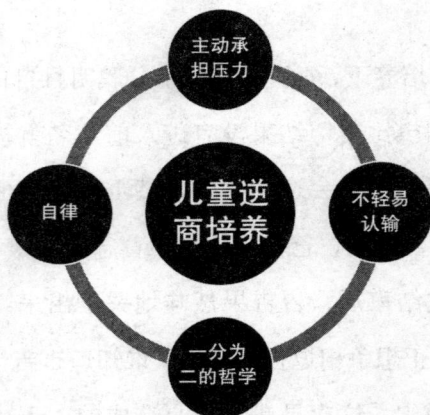

苏苏被父母寄予厚望，爸爸妈妈总是告诉她，一定要把小提琴练好，她身上就背负着全家人的期望。这让苏苏每次参加小提琴比赛都格外紧张，总希望自己取得第一名，偶尔失手都会让她陷入强烈的焦虑中。

慢慢地，苏苏开始变得害怕乃至厌恶小提琴比赛。

直到最近一次小提琴比赛，苏苏终于受不了了，比赛前装病，主动选择弃考。因为她真的害怕自己无法取得第一名，那还不如干脆弃考，这样也就不会输了。

苏苏的这种做法显然就是一种"输不起"的心理，是父

/ 第九章 /
困难管理：不怕遇到困难，就怕不会应对困难

每日积月累的教育在她心里埋下的种子。相信家人的初心并不是让她变得恐惧、输不起，但最终还是导致了这样的结果，这是因为家长不善于引导孩子认识"失败"。

要想让孩子懂得"失败"，不做"输不起"的人，家长的正确引导很重要。

1. 引导孩子学会正确归因

许多输不起的人都有相同的特点：归因出错。当遭遇失败时，他们可能会偏颇地认为是规则不公，或者是自己能力不够。事实上，这也是一种"输不起"。

偏颇的归因方式会导致孩子无法客观地面对失败，更无法很好地总结失败的经验教训，如此一来，就很容易在错误的道路上越走越远。所以，当孩子遇到失败时，家长应该与孩子一起分析失败的原因，客观地总结经验，以便下次克服障碍，取得成功。

2. 让孩子知道输赢是常事

胜败乃兵家常事。但在孩子的世界里，他大多以自己为中心，甚至取得一两次成功就会认为自己是常胜将军。

一旦孩子有了这样的想法，当他遭遇困难时就会更加受挫。因此，家长在教育孩子时一定要提醒他：没有人会永远赢，也没有人会一直输，保持良好的心态对待输赢，才能让

自己走得更高更远。

3. 不要过分强调结果，而要注重过程

很多孩子输不起，是因为父母长期以"结果"为导向进行教育，他也就会更加关注"输"和"赢"的结果。

事实上，学习与做事过程中的收获，对于儿童的成长更加重要。尤其在比赛过程中，收获什么经验，有什么感悟，明白了什么道理，才是帮助孩子不断成长的燃料。

任何一个输不起的孩子，最先输的就是过程，他很难去考量自己在过程中收获了什么，因此也就无法把这些经验归纳起来。

做任何事情都有输有赢，孩子面对输赢的方式，就是他未来成长的格局。输了不要紧，要紧的是他不能"输不起"。

◎ 陪着孩子去面对，才能让他学会不逃避

如果你认真观察孩子的行为模式，就会发现，许多孩子有逃避困难的倾向。

面对孩子的逃避行为时，不少家长通常会采取严厉批评的方式对孩子进行教育。可惜的是，这往往很难奏效，部分孩子在遇到问题时还是习惯性选择了逃避。

其实，这很正常。在孩子成长的过程中，总会有各种各样难以解决的事情，遇到这些事情的时候，他很容易产生退缩、逃避的情绪和行为。诚然，孩子的逃避行为会让他迟迟无法进步，但是，家长面对孩子逃避现象的不理智措施，只会让事情变得更糟。

皮皮今年 6 岁了，一直是个活泼开朗的小男孩。但是，最近皮皮却变了，变得安静起来，也不再调皮捣蛋，还常常说自己脚疼。

孩子的身体出问题，妈妈自然很紧张，马上带着孩子去医院检查，却一直没有查到孩子脚疼的原因。医生提醒家长，可能孩子在欺骗她。

可是，孩子编造这样的谎言究竟是为了什么呢？妈妈实在想不明白。因为孩子自从说脚疼后，也没有要求什么，最多只说上不了足球课。踢足球原是皮皮的最爱，即使出现"脚疼"后，他也还是常常一脸渴望地看着大家踢。

直到有一天，妈妈终于发现了皮皮的秘密：关起房门来，皮皮又蹦又跳，哪还有脚疼时的安静模样？秘密被发现后，皮皮才老实交代："我不想上足球课，因为总是踢不到球。"原来皮皮在球赛中总是踢不到球，这让他心生退意。

得知了皮皮的顾虑，妈妈并没有勃然大怒，只是"乘胜追击"地引导皮皮：逃避不能让你踢到心爱的足球，反而会使你离足球越来越远。

皮皮独自思考了许久，终于不再装病躲避足球课了。

每个孩子的逃避行为都是有原因的，父母不应该无差别地批评他，而应该挖掘他逃避背后的原因，对症下药，才能帮助他最终走出"逃避"的行为模式。

10岁的默默是个胆小的女孩子。这天，正忙着修理小家电的爸爸让默默帮忙到抽屉里拿个工具，可是她磨蹭了很久，都没有把工具送到爸爸手里。

爸爸很疑惑，还以为是默默犯懒呢，可是转头一看，却发现抽屉已经打开。那么，默默为什么还不肯拿工具呢？等到爸爸走近了才明白，原来抽屉里有罐灭虫剂，灭虫剂的外包装上印着一只活灵活现的虫子——默默因为害怕虫子，才不敢拿工具。

爸爸把那罐灭虫剂拿了出来，默默连忙跳开。爸爸知道默默胆子小，也没有急着让默默靠近，他只是循序渐进地从萤火虫讲起，跟默默聊起昆虫的世界。慢慢地，默默被打动了，开始走近爸爸，继续听爸爸讲昆虫的故事。

后来，虽然默默还是害怕昆虫，但不再因看到有昆虫的图片都要逃避了。

每个人都不免遭遇各种各样的困难和坎坷，如果选择逃避，自然难以成长。帮助孩子学会不逃避，直面困难与坎坷，也是每位家长的责任。

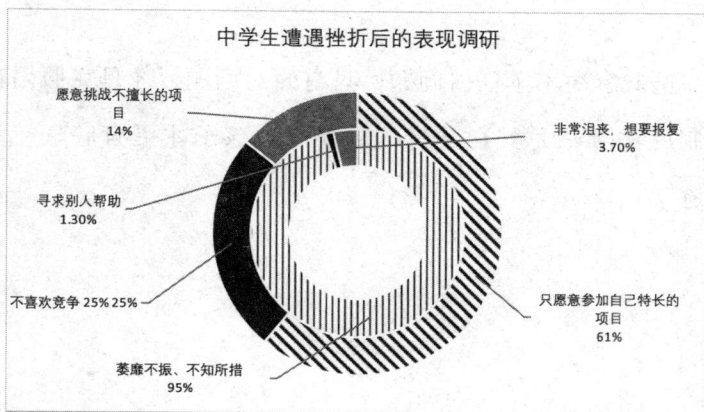

中学生遭遇挫折后的表现调研

愿意挑战不擅长的项目 14%
寻求别人帮助 1.30%
不喜欢竞争 25% 25%
萎靡不振、不知所措 95%
非常沮丧，想要报复 3.70%
只愿意参加自己特长的项目 61%

1. 允许孩子暂时逃避

逃避是每个人都可能出现的行为，所以，孩子遇到困难和坎坷时下意识地选择逃避很正常。身为家长，要给孩子提供稳定的安全感，允许孩子暂时逃避，而非不分青红皂白地批评孩子的逃避行为，更不能强迫孩子立即学会面对。

2. 陪着孩子解决问题

孩子的每个逃避行为都是有原因的，你应该做的就是帮孩子找到问题所在，并与他一起解决。无论因为恐惧，还是无能为力，当你陪着孩子把他跨不过去的坎解决了，下次他自然就不会选择逃避问题了。

等到孩子在你的陪伴下慢慢地习惯了解决问题，在未来的人生旅程中，每当遇到困难和坎坷时，他就不会再下意识地选择逃避，而是坦然面对。

逃避解决不了任何问题，只有面对问题，才是克服困难的制胜法宝。尤其在父母的陪伴下，孩子才更有底气"不逃避"。

◎ 争强好胜不是教育的目的

现在，很多家庭教育都偏向于培养孩子的竞争意识。殊不知，盲目竞争很容易让孩子错失快乐的童年。

养成一个争强好胜的孩子从来都不是教育的目的，但是很多时候，父母错误的竞争教育却延续式映射在孩子的身上。

每个人都有自己擅长和不擅长之处，要认可孩子的擅长之处，允许孩子的不足之处，而不是逼迫着他事事争第一。

引导孩子懂得欣赏他人的优点，这才是现代教育的重点。

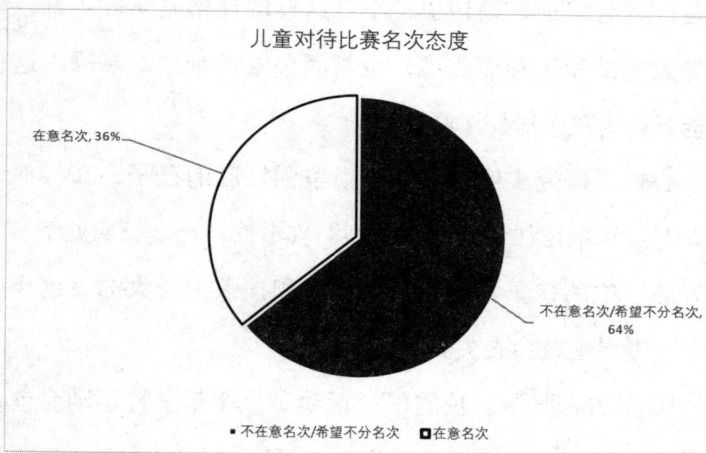

儿童对待比赛名次态度

在意名次，36%

不在意名次/希望不分名次，64%

■不在意名次/希望不分名次　□在意名次

小君上了一年级后，各方面的才能都很出色，成绩常常位列班级第一。就这样，她最忧心的还是自己的成绩排名：这次拿了第一，就开始担忧下次考试怎么办；下次没有拿不到第一，她的情绪就会有很大的起伏，一会儿敏感脆弱，一会儿又态度强势。

不得不说，小君在学业方面确实很让爸爸妈妈省心，因为她从小就很自律，对自己的要求极其严格。每次考试前，她都会陷入强烈的焦虑中，甚至还会连续失眠好几天。

这让妈妈很担心小君的心理压力。小君实在太争强好胜了。对于小君来说，考试、比赛的意义只在于拿第一，否则就是失败者。

许多人羡慕小君的父母拥有这样一个"上进"的孩子。但是，只有爸爸妈妈知道，小君这样的性格其实并不好，她容易因考试和比赛而焦虑，也常因失败而难过、暴躁。这让爸爸妈妈为孩子操碎了心。

心理学研究表明，一个习惯争强好胜的孩子，在与他人相处的过程中往往会表现出强烈的攻击性。一个长期处于"争强好胜"中的孩子，同样是在焦虑和挫败中长大的。这样的孩子，慢慢地就会丧失竞争能力。

10 岁的志坚是学校的田径运动员。今年学校运动会前，他本来对冠军势在必得，谁知比赛中却杀出了一匹"黑马"——隔壁班的康康。最终，志坚以第二名的成绩站在领奖台上。

应邀观赛的爸爸妈妈都很担心，怕志坚会因与冠军失之交臂而郁郁寡欢，他们甚至准备好了一箩筐好话等着哄志坚。

等到志坚来到观众席时，爸爸妈妈匆忙准备"安慰"他。令他们惊讶的是，志坚却反过来宽慰他们："这次是我大意了，下次我一定能赢回来。"

志坚的这番话显然是发自内心的，这让爸爸妈妈非常惊喜：志坚居然这么懂事！看到爸爸妈妈一脸惊讶的样子，志坚对着他们做了个鬼脸，说："友谊第一，比赛第二。"

原来，"友谊第一，比赛第二"是志坚参加田径队后，爸爸妈妈坚持给他灌输的理念，因为他们从来都不希望志坚变成一个只懂得争强好胜的孩子。

重视孩子的竞争力很正常，但是，我们教育的目的从来都不只是要孩子争强好胜。

1. 引导孩子正确看待失败

对于孩子的个性形成，父母起着举足轻重的作用。如果一个孩子养成了争强好胜的性格，他的父母势必要负绝大部分责任。首先，家长必须反思自己的心态、举止，好好想一下，自己在日常生活中是否过度强调孩子的一时成败？如果你的答案是肯定的，就难怪孩子会变得越来越在乎成败，以至于越来越争强好胜。

其实，在孩子遭遇失败时，家长最应该做的应该是以正面例子作为导向，与孩子一起分析失败的原因以及别人成功的原因，引导孩子克服失败带来的沮丧感。

2. 引导孩子正确认识竞争

某一次考试时，当其他孩子成绩领先后，家长要引导自己的孩子正确看待竞争关系，让他懂得：生气、懊恼都是没有用的，与对方继续竞争才有可能取得成功。除此之外，孩子还应该明白，别人能够领先肯定有他的优胜之处，肯定别人的优势才算得上是个大气的人。

引导孩子认识到，竞争其实是为了不断超越，而不是拘泥于某一次成败，所以要让"友谊第一，比赛第二"的观念深入孩子的心里。

在现代社会，竞争意识很重要。但是，过度强调竞争，很容易让孩子失去许多本该拥有的幸福感和快乐。因此，家长要学会引导孩子正视竞争关系，帮助孩子以平和的心态对待竞争，而不是事事争强好胜。

◎ 父母应该尝试着让孩子独立生活

在家庭生活中，不少父母都在不知不觉中溺爱着孩子，可能会帮孩子包办许多事情，这边担心孩子做不好，那边不许孩子碰。

在家长看来，这是出于对孩子的爱。事实上，这种爱是在剥夺孩子的上进心，并一步步把他推向"啃老"的边缘。

英国的一位心理学家说过："世界上所有的爱都是为了聚合，除了父母的爱是为了分离。"事实就是如此。真正的父母之爱应该是理智地放手，让孩子试着学会独立生活。

同事小杜跟我们聊起了邻居的教子方法。她说，她家隔壁住着一位姓刘的大爷，刘大爷夫妇年轻时忙于生意，家里三个孩子都早早参与到家庭劳动中。

一次，她到刘大爷家中做客时，提起每天早上都要给上小学的女儿做早餐，刘大爷夫妇听后都很惊讶。刘大爷说，自他们家老大上小学后，他们夫妇就再也没有给孩子做过早餐，都是孩子自己做。

对此，小杜也很惊讶，孩子才上小学，怎么舍得让他早起做早餐呢？刘大爷不以为然地说："小孩子不能太娇惯了，你想想自己小时候不也是早早开始当家了吗？"

听了刘大爷的话，小杜哑口无言。是的，许多大人也是从小早早就开始当家，到了现在，为什么觉得自己的孩子不能早当家，甚至连一点儿家务都不做？

有着像小杜这种心态的人，其实并不少见。

很多家长可能会抱怨，自己在培养孩子的过程中耗费了大量的时间和精力，但是付出与收获很难成正比。很多时候，孩子并不懂得感激，反而还觉得"理所当然"。更重要的是，大部分需求是家长强加给孩子的。

小雪10岁以后变得很有想法，尤其在一些动手的实验课上，她总会表现出很强的积极性。每次只要有实验作业，她放学一回家就赶紧把实验道具摆好，开始认真地做起来，还很严肃地记录着实验数据，看上去像模像样的。

唯一不和谐的声音来自爸爸妈妈，他们总觉得小雪还是个孩子，做实验涉及使用打火机、简易电路等步骤时，总想着要插一手，替她完成。

这天，矛盾终于爆发了。小雪对爸爸妈妈发了火："你们烦不烦啊？能不能让我独立完成实验作业？"

爸爸妈妈也很恼火："我们是为你好，怎么就成了烦人呢？你这孩子真是不识父母心！"可是反思一下，爸爸妈妈真的是对小雪好吗？他们以爱为名，不断在剥夺小雪的独立权利。这种剥夺除了引起孩子的反感外，还很容易一步步导致孩子失去独立能力。

如果你不希望把孩子变成一个事事依赖父母，无法独立成长、生活的人，就要学会对孩子放权。

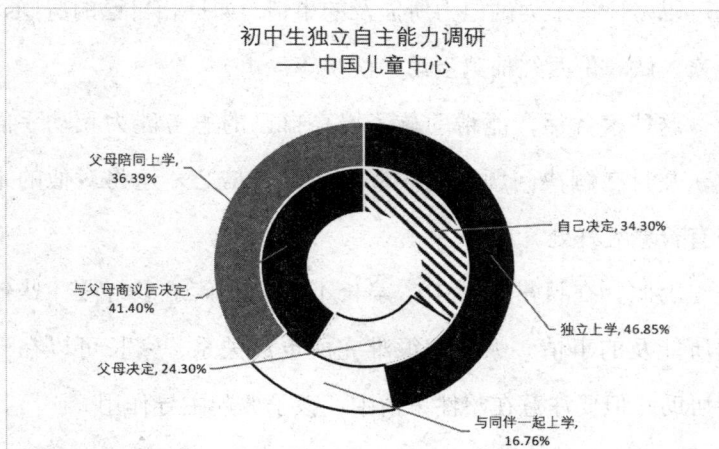

初中生独立自主能力调研
——中国儿童中心

父母陪同上学，36.39%

与父母商议后决定，41.40%

父母决定，24.30%

自己决定，34.30%

独立上学，46.85%

与同伴一起上学，16.76%

1. 相信孩子的判断和能力

很多父母常挂在嘴边的话就是，"我吃过的盐比你吃过的米还多"，以经验来压制孩子的判断。

一件事情出现后，部分父母很难真的相信孩子的判断，他们会认为孩子还小，思考不周全，判断失误率高。事实上，孩子是切身体验者，他的判断有其合理性。

如果家长一味地用自己的经验去质疑孩子的判断和能力，很容易让孩子陷入强烈的自我怀疑，久而久之，他就会丧失判断与决策的能力。所以，要想让孩子独立，家长首先要相信孩子能做到。

2. 让孩子做力所能及的事情

孩子的能力没有你想象的那么不堪一击。在生活中，我们可以多让孩子尝试他力所能及的事情,如打扫自己的房间、给家人做一份西红柿鸡蛋汤、洗碗等。

这些家务活,能帮助孩子提高自己的思考能力和动手能力,并且在解决问题的时候逐步建立自信心,这将对他的未来有着莫大好处。

因此,在日常生活中,家长不妨多让孩子参与做一些他力所能及的事情。纵使他很难完成也没关系,家长可以在一旁协助,但要注意在整件事情中,孩子要起主导作用。

父母对孩子的爱,绝不应该是固执地包办所有。真正优秀的父母会选择在适当的时候放手,让孩子学会独立。

父母对孩子的爱,应该是为孩子铺垫更好的未来,这份未来无法由父母带来,而需要孩子亲手缔造。

○
○
○

/ 第十章 /

自我管理：能学会管理好自己
就是成功的第一步

○
○
○

◎ 自律的孩子才能拥有自由

一个自律的人，往往能够把自己的生活、学习、工作打理得井井有条。

每个人的人生高度，与其自律性息息相关。苹果创始人乔布斯说过："自由源于自信，自信源于自律。"但是，自律往往要求人们拥有强大的意志力，这对成年人而言是一个极大的挑战，对孩子来说更是如此。

许多父母在家庭教育中最关心的一个问题就是：孩子的自律性差，怎么办？

心理学研究表明，孩子两岁半以后会逐渐进入一个秩序敏感期。这段时间是孩子对周边社会规则的构建期，在这个时期对孩子的认知与行为进行约束能起到事半功倍的效果，将对孩子的未来有着极其深远的影响。

我在一次育儿交流会上认识了刘佩，她说儿子昊昊今年刚上一年级，但他的自律性不高，让她很是着急。直到有一天我见证了刘佩和昊昊的相处，才知道刘佩要对昊昊的不自律负绝大部分责任。

昊昊的老师经常会在家长群里发布家庭作业，要求家长打印出来给孩子做。刘佩是一个严重的拖延症患者，她收到作业后经常想着晚点儿再打印，然后就打开手机看起了综艺节目。

昊昊没有作业可做，只好去看电视。慢慢地，他也开始有样学样，什么事都要拖拖拉拉，等到最后才火急火燎地完成。有时候时间不够了，刘佩夫妇心疼孩子熬夜，就只好帮忙一起做。

显然，刘佩在教育孩子这件事上犯了两个错误：第一，都说父母是孩子的第一任老师，而刘佩却给孩子带来了错误的示范；第二，让孩子先写完作业再做其他事情，尤其自己的作业自己做才是正确的规矩。但是，刘佩却漠视了规矩的执行，让其变成一纸空谈。久而久之，孩子也学会了漠视规矩，因为它在这个家里没有任何约束力。如此，怎么可能培养出一个自律的孩子呢？

我有一位幼师朋友，她的女儿佳佳就是一个典型的"别人家的孩子"：逛街的时候，佳佳从来不会看到什么要什么，更不会为了逼父母买什么而哭闹；每天准时起床，放学回到家的第一件事就是完成作业；玩游戏、看电视也遵守约定时长,经常提早结束,绝不拖延……

这样的孩子实在羡煞了旁人。幼师朋友传授经验的时候,送给我们这样一句话:"狠下心,要想让孩子变得自律,家长就要狠下心。"

其实,最开始佳佳也会以哭闹要挟父母,但是妈妈没有因此而心软。她与佳佳约定:每个月可以买一个玩具,至于什么玩具可以由佳佳定。

有时候,佳佳买了一个玩具后,当月又想多买一个,这时候可能会哭闹,但家长并没有因此妥协。几次下来,佳佳也就学会遵守规矩了。其他方面也是如此,只要家长狠下心,孩子就能慢慢学会遵守规则,也就会越来越自律。

培养一个自律的孩子,你可以这样做。

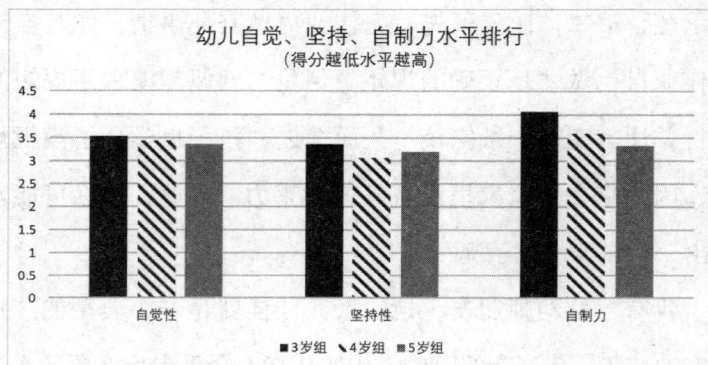

幼儿自觉、坚持、自制力水平排行
(得分越低水平越高)

1. 给孩子讲解规则的作用

要让孩子自律,最重要的就是先让孩子明白规则的意义。

世界上的规则无处不在，它的意义在于约束人们的行为，给人们更好的生活。对孩子来说，他还未建立秩序感，可能很难理解为什么要遵守规则，那么就很难发自内心地遵守它。

因此，在生活中，如遇相关情况，父母可以反问孩子：别人不遵守规则会怎样？让孩子亲眼见证违背规则的后果，引起他对规则的重视。

2. 做自律的父母，给孩子树立好榜样

家长是孩子的镜子，也是孩子的第一任老师。因此，家长的言行对培养自律的孩子很重要。如果家长都不自律，他们的言论在孩子看来就会大打折扣，甚至孩子还会反问：爸爸（妈妈）都做不到，为什么要求我做到？

在日常生活中，家长要先从自身做起，言传身教地给孩子做好榜样。同时，教育孩子约束自己的言行，过自律的生活。当整个家庭氛围都被自律渲染时，孩子的成长环境就会得到改善。

每个孩子都不是突然就变得自律的，关键在于家长如何教育与慢慢引导。

孩子的人生还很长，很多路要他自己走。家长在教育过程中，能赠予孩子的最好礼物就是自律，让他拥有最多的自由。

◎ 和孩子一起坚持就是胜利

坚持不懈是一种难能可贵的品质，但它并不是与生俱来的，需要后天习得。当遇到困难时，想放弃、想退缩是再正常不过的事情，对孩子而言更是如此。所以，如何教孩子做个坚持不懈的人也很重要。

研究表明，孩子不仅会模仿家长的行为，而且会模仿家长的精神品质。所以，家长要以身作则，积极乐观，不轻言放弃，坚持不懈。

跟孩子一起"坚持就是胜利"，你准备好了吗？

宝妈燕子说，她第一次强烈觉得跟孩子一起坚持很重要，是因为孩子的一个提问。

自从家里的保姆辞职后，燕子就开始自己煮饭做菜。起初，遇到许多问题，如盐放多了、水放少了、被油溅到了等，但燕子本身就是一个不轻易言败的人，一次不行就两次，两次不行就三次。她始终相信，只要自己坚持做下去，总有一天能把菜做好的。

一天，孩子问她："妈妈，你为什么不肯放弃做菜呀？"

燕子愣了一下，她一直坚持尝试着做不同口味的菜，却从来没考虑过这个问题：为什么自己从没想过放弃呢？

后来，燕子想起自己的孩提时期，父母就是这么教她的：世上无难事，只怕有心人。然后，大人陪着她一起坚持、努力，久而久之，她就习惯了，认定没什么困难是克服不了的。也是那个时候，燕子意识到，最好的教育、最好的坚持，其实来自父母的陪伴。

一个人的成功绝不可能是毫无道理的，观察那些真正取得大成就的人就会发现，他们没有一个是三心二意、虎头蛇尾的。或许有些人的成功源于某次机缘巧合，但是如果不坚持，这份机缘就会被浪费。所以，不要怕孩子太小没定性，最重要的是家长如何教他坚持，陪着他一起坚持。

睿睿很小的时候，跟妈妈说他想学电子琴。"兴趣是最好的老师"，妈妈很高兴，连忙给他置办了一架电子琴，挑选了合适的兴趣班，每周末都带着他去练习。

可是没多久，睿睿就开始打退堂鼓："每周末都要早起练琴，太累了！""没意思，我不想学了！""我记不住谱子！"不想学的时候，睿睿总有千万种理由。他念叨了很久，但是妈妈并没有理会他，也没有如他所愿地让他退学。

睿睿哭闹着发脾气，妈妈还是没有理会他，等到他哭闹累了停下来，才跟他讲道理。妈妈让睿睿回忆一下他学游泳时有没有遇到什么困难，刚学会游泳时是什么感觉。

在妈妈的引导下，睿睿想起当初自己学游泳时也经常磕磕绊绊，但是后来学会了特别开心。

看着睿睿兴冲冲的样子，妈妈趁热打铁地说："你看，学电子琴也是这样的，你不坚持下去，就再也体会不到成功的喜悦了。"睿睿点了点头，不再哭闹。

孩子就是这样，尤其越小的孩子越容易反复，他可能会一时兴起喜欢上什么，也可能会因为各种困难而不肯坚持。这时候，如果家长由着他"三分钟热度"，他将永远学不会坚持。

跟着孩子一起坚持就是胜利，你可以这样做。

1. 不要轻易答应孩子一时兴起的要求

很多孩子可能会因为一时兴起而有了某种爱好。

事实上，一时兴起并不等于孩子真正的喜好。当兴头过了，他就会感到厌烦，因为轻易得到的东西总是让人难以坚持。因此，当孩子一时兴起提出参加兴趣班的任何要求时，家长最好不急着答应，冷一冷他，等他的兴头过了，再问他是不是真的还有这个想法。

孩子最初的坚持，应该从坚持想法开始。如果孩子兴头过了还想要发展那个兴趣，家长就可以与他"约法三章"，告诉他既然选择了就不能轻言放弃。

四年级学生最崇敬的榜样排行榜
——《全国家庭教育状况调查报告（2018）》

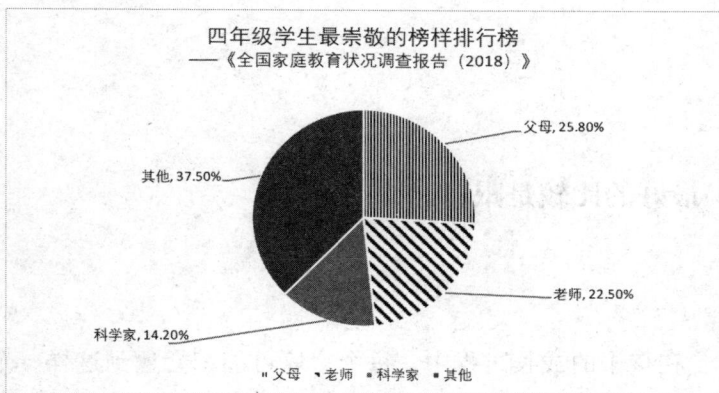

父母, 25.80%

其他, 37.50%

老师, 22.50%

科学家, 14.20%

▪父母 ▫老师 ▪科学家 ▪其他

2. 当孩子遭遇挫折时，记得鼓励他

有时候，孩子放弃兴趣并不是因为不喜欢，而是遇到了困难。这时候，家长应该第一时间去鼓励他，告诉他失败是正常的，如果不坚持下去，他永远无法取得成功。然后，跟孩子一起寻找解决困难的办法。

当问题解决了，孩子重拾了自信心，等他养成"遇到问题—解决问题"的行为模式后，坚持下去就不再是一件很难的事情了。

　　要想让孩子学会坚持，只靠他自己是不行的，需要在父母的陪伴下看到坚持后的曙光。

　　家长要让孩子知道，坚持能够让他看到胜利，他就能够自行养成坚持的好习惯。

◎ 最好的比较是跟自己比

　　在孩子的成长过程中，每个家庭可能都会遇到这样一个"敌人"——别人家的孩子。这个孩子好像什么缺点都没有，如听话、懂事、成绩排名靠前、多才多艺……

　　其实，家长都知道这样的孩子并不存在，但很多时候又总是习惯性拿这样的孩子跟自己的孩子比较，以督促孩子向优秀看齐。

　　这样的比较真的有用吗？从心理学的角度上讲，家长的频繁比较会对孩子的自我意识造成破坏，久而久之，孩子很容易变得自卑、自闭。并且，由于孩子的理解能力较弱，很可能将家长的比较行为视为对自己的不满，或者认为父母偏爱别人家的孩子而不爱他了。

这一系列的错误解读，会导致孩子对家长缺乏信任，使得亲子关系受到不利影响。

糖糖今年 8 岁，以前一直是个很懂事的孩子。但是，爸爸妈妈本着"骄傲使人落后"的想法，总让糖糖以更高的标准要求自己——这个"标准"就是隔壁家的小哥哥天鸣。

天鸣今年上初中，自幼擅长奥数，数学成绩总是全年级第一，其他科目的成绩也一直名列前茅。邻里间都在讨论，天鸣将来一定能考上重点大学。

这让糖糖的爸爸妈妈羡慕不已，他们也希望糖糖的学习成绩能向天鸣看齐。于是，糖糖家就经常出现这样的对话："你看看天鸣哥哥放学到家就认真写作业，而你只顾着玩儿！""你要向天鸣哥哥学习，你看他早早地就起床预习功课了！""你要是有天鸣哥哥一半优秀，爸爸妈妈就不用愁了！"

爸爸妈妈本来以为糖糖有了榜样会变得越来越好，却不想糖糖越来越不听话，还经常顶嘴。

这天，爸爸妈妈又在念叨着天鸣哥哥的好的时候，糖糖冷不丁回了一句："那你们去找天鸣哥哥当你们的孩子呀，我也不想要你们这样的爸爸妈妈了！"说完，她哭着跑出家门。

糖糖的这句话也让爸爸妈妈心寒不已，这孩子怎么能这么说话呢？

事实上，糖糖会说出这样的话并不奇怪。长期用别人家的孩子与她做对比，让她误认为爸爸妈妈更喜欢别人家的孩子。在这种心理暗示下，她自然认为爸爸妈妈更希望别人家的孩子成为他们的孩子。

拿不同的孩子互相对比，会伤了爸爸妈妈的心，也会伤了孩子的心。

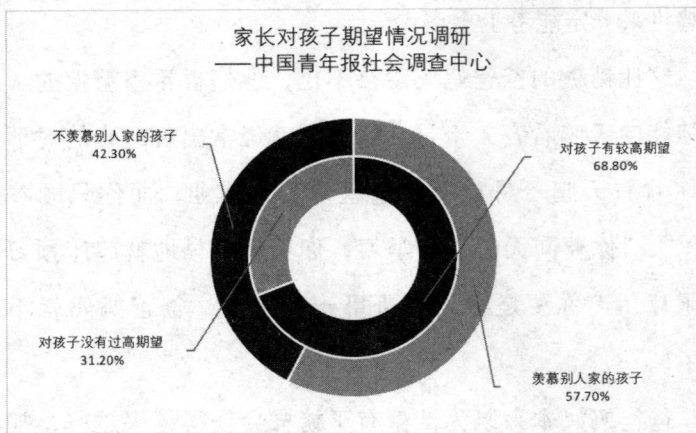

家长对孩子期望情况调研
——中国青年报社会调查中心

不羡慕别人家的孩子 42.30%
对孩子有较高期望 68.80%
对孩子没有过高期望 31.20%
羡慕别人家的孩子 57.70%

9 岁的柔柔和表妹的关系一直不好，逢年过节在一起也不亲热。这让柔柔的爸爸妈妈很尴尬，两家明明是亲戚，可是柔柔和表妹的生疏却总在一家团圆的热烈气氛中显露出异样。

后来爸爸妈妈才知道，柔柔和表妹的矛盾其实源于长辈。逢年过节的时候，考试成绩已经发放，那些七大姑八大姨就会挨个询问小辈的成绩。每次表妹成绩比她好的时候，爸爸妈妈总是说："你看看表妹的成绩，再看看你这个做姐姐的！""你被表妹赶超太多分了！"

慢慢地，柔柔越来越讨厌表妹。表妹的父母也经常拿柔柔跟她做对比。于是，本该关系亲昵的表姐妹反而貌似变成陌生人。

其实，每位喜欢"对比"的家长并不想伤害孩子，他们的出发点往往是为了督促孩子变得更好，但这样的方式只会弄巧成拙。

拿孩子做比较，最好的方式是让他跟自己对比。

1. 跟过去的成绩比，进步才能看得见

每个孩子都有无限的潜力，无论进步大小，他一直都在不断进步。这时候最好的对比，就是拿他的过去跟现在对比。

当发现孩子有了进步时，就要及时夸奖他。每个人都希望自己能够变得更好，也都享受进步的感觉——当发现自己比以往有了些许进步并且被父母重视时，他就会更有冲劲争取更大的进步。

这样的对比，也有利于家长调整好自己的心态——当你发现孩子在一点点进步时，内心也会得到平衡。当然，如果

发现孩子退步了，也能为家长敲响警钟：孩子为什么退步了？

2.跟过去的态度比，才能知道变化

生活中，一个人的态度总是在不断发生变化。当发现孩子的态度出现变化时，家长可以拿他过去的态度进行对比，提醒他："你的态度变好 / 坏了。"

比如，原本比较细心的孩子变得粗心大意，家长就要提醒他："这样的错误，你以前不会犯哦！现在变得这么粗心大意，是不是应该反思一下呢？"用孩子原来的状态做对比，不容易引起他的反感。

每个孩子都是独一无二的，他不应该被拿来互相比较，尤其不该被父母拿来与他人做比较。其实，最好的比较应该是跟自己较劲，每天都比昨天好一点儿就是最好的收获。

◎ 父母只负责提建议，决策权归孩子

孩子还不成熟怎么办？孩子处事欠火候怎么办？

对于孩子，家长似乎总有各种担忧。这些担忧或者多虑，

让家长恨不得把自己变小钻进孩子的脑袋里，帮他做各种决策，处理各种事情。

于是，我们经常看到一些家长武断地帮孩子做决定，孩子只需要顺从地按照家长规划好的路线一步步走下去就可以了。

乍一看，这样的做法似乎可以帮孩子解决许多问题和隐患，让家长放心。事实上，这除了满足家长的掌控欲外，它并不能让孩子少走弯路，更可能让孩子变成思想的"巨婴"。

杨怡以前很得意自己的孩子彭彭懂事、听话，对爸爸妈妈的决定言听计从。但是，最近却开始陷入苦恼：彭彭也太没主见了，大到选择兴趣班，小到选袜子的颜色，他什么决定都做不了。

等到彭彭高考完要填志愿的时候，杨怡问彭彭："你喜欢什么学校，选择什么专业呀？"彭彭一脸茫然地回答："都可以啊！"

看到彭彭在人生大事上如此无所谓的样子，杨怡的气不打一处来。可是她仔细想想，这么多年来，彭彭的所有决定都是家长做的——孩子爸爸最讨厌的就是彭彭自作主张。

从这个角度来看，彭彭变成这样都是家长"惹的祸"。

许多人喜欢把"我走过的桥比你走过的路还长""我吃

过的盐比你吃过的米还多"挂在嘴边，以此告诫孩子要听爸爸妈妈的话，乃至越俎代庖地帮孩子做决定。事实上，越不肯让孩子做决定，孩子做决定的能力就会越弱。

我认识一位教四年级的钱老师，他跟我说，他们班上有这样一类学生：他们一直都很乖、循规蹈矩，尤其当家长在场时的表现会更好、更出色。但是，这类学生的应变能力通常都很差——在家长不在场的情况下，他们会变得十分犹豫，在许多小事上纠结许久也不能做出决定。

有位家长很委屈地说："明明我跟孩子说了要他自己做决定，但他最终还是不懂得如何自己决定。"

后来，钱老师才知道，这位家长所谓的"你自己决定"背后掺杂了很多大人的意愿。比如，当他不希望孩子出去玩儿的时候，他会语气不善地对孩子说："随你，你自己决定。"孩子并不傻，他能读懂家长的言下之意。于是，所谓让孩子"自己决定"还是变成家长的武断决策。

"家长不知道这样的教育方式会让孩子失去什么。"钱老师最后这样评断道。

我们都不希望自己的孩子变得毫无主见，很多家长还因为孩子缺乏主见而萌生"恨铁不成钢"的感觉。

事实上，孩子缺乏主见跟家长有着密不可分的关系。家长越是强势，越是喜欢替孩子决策，孩子就越发难有主见。如果你不希望孩子变成你的傀儡，就要学会把决策权还给孩子，你只负责提建议。

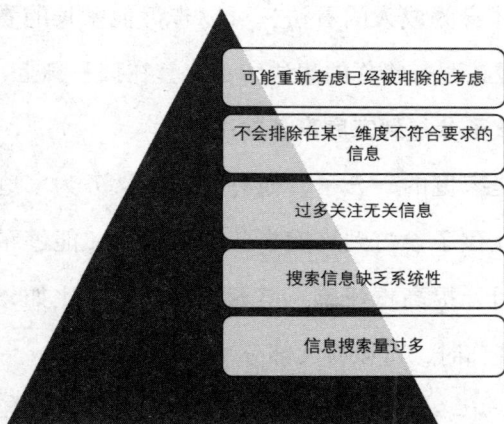

可能重新考虑已经被排除的考虑

不会排除在某一维度不符合要求的信息

过多关注无关信息

搜索信息缺乏系统性

信息搜索量过多

儿童决策策略特征

1. 决策权建立在平等交流的基础上

将决策权交给孩子，建立在平等交流的基础之上。它要求：信任孩子能够做出他认为正确的选择。

或许这个选择并非常规意义上的正确，但它是孩子知晓利弊后的选择。或许孩子会在权衡利弊后依旧犯了错，但这是他的选择，理应由自己负责。

2. 不帮孩子做决策，而是提建议

不帮孩子做决定，并不是全然不管孩子。在非原则性的事情上，家长可以站在旁观者的角度，以"提建议"的方式向孩子阐述身为成人的看法，可以告诉他家长的看法以及选择，但不应该强行将你的想法和决定套在孩子身上。

3. 让孩子参与到家庭事务的决策上

孩子是家庭的一分子，他有权利和义务为家庭贡献自己的力量。让孩子参与到家庭事务的决策中，能够帮助他更好地理解父母，提高责任感，培养决策能力。比如，在为孩子的房间做装饰时，可以将大部分决策权交给他。

每个孩子都不是父母的附属品，他应该拥有自己的思想、自己的决策。相信每位家长都不希望孩子最终变成一个毫无主见、优柔寡断的人。那么，就从现在开始，将事情的决策权还给孩子吧！

◎ 自省时间：与孩子一起反思

人生就是一场不断摸索前行的旅程，每个人都不可能尽善尽美，孩子如此，家长也是如此。正是如此，我们才要不断反思，反思过往的不足，总结成经验，方便下次更好地前进。

很多时候，家长都希望孩子能够学会反思。因为孩子只有懂得反思，才能将过去的不足转化为前进的燃料。但家长往往忽略了自己也需要反思，反思自己在教育孩子过程中的缺憾，总结教育规律，给孩子树立良好的榜样。

那天，7岁的小外甥冉冉跑来告诉我，他觉得妈妈变了，原因是妈妈居然问他，觉得妈妈哪里做得不好。冉冉问我："妈妈为什么要这么问？"他乌溜溜的眼睛里充满不可置信。

我向冉冉解释："其实，妈妈这样问是反思自己的不足，为了以后能更好地照顾你。"听了我的话，冉冉高兴起来，然后他悄悄告诉我，他也要好好想想自己有没有哪里做得不好的地方。

其实，让表姐问冉冉意见是我的主意。冉冉正处于调皮捣蛋的年龄，对事情有着与父母截然不同的看法，他们常常争得面红耳赤，亲子关系十分紧张。表姐向我求助，我反问她："为什么不试试让冉冉指出你有什么不对的地方呢？"她一开始还有点儿拉不下面子，这不是让孩子揭家长的短吗？

其实，不是的。对孩子来说，你的反思是对他独立人格的尊重，代表着平等的态度。当你拿出十足的平等态度对待他时，他也会用同样的尊重来回馈你。另外，年幼的孩子往往更习惯于"过去了就过去了"，他很少会主动回顾自己以往的行为。这时候，家长应该主动引导孩子反思，总结经验教训，而最好的办法就是家长先反思自己，做好榜样。

可可今年 11 岁了，家里经常定期举办反思会。事实上，这对可可来说更像是批斗大会——每次她都要在反思会上报告自己近期的不足，然后听爸爸妈妈说她的不好。

这让可可烦透了。爸爸妈妈却说，这不是批斗，只是希望她能够好好反思自己的不足，争取尽快取得进步。

然而，事与愿违。这天，可可跟妈妈又吵了起来，她委屈地喊道："难道你们就没有错吗？"这句话，把妈妈噎住了。

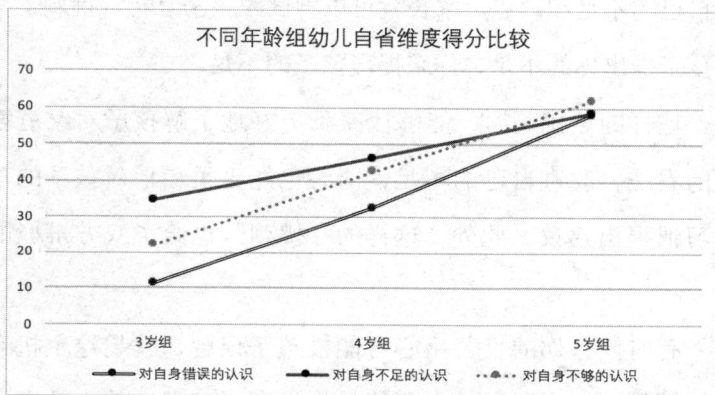

不同年龄组幼儿自省维度得分比较

家长应该是孩子的榜样。当你无法让孩子信服时，你的教育就会出现大问题。所以，和孩子一起反思是很有必要的，这不仅是孩子的一种成长，也能促进家长更好地成长。

1. 每周家庭日，引导孩子对一周的行为进行反思

在家庭日交流中，家长可以与孩子一起坐下来，开始阐述自己这周的收获和感悟。家长可以先讲讲自己在这周犯的错，分享自己对犯错的看法：为什么会犯下这样的错，会导致怎样的结果，应该怎样改进。接着，让孩子讲讲自己这周犯过什么错误，有什么收获和感悟。

有了家长的榜样，孩子也能很好地学会如何反思自己。

2. 与孩子互相"挑刺"

每个人看自己的时候往往会"一叶障目"，很难完全看

到自己的不足和缺点。家长就可以尝试跟孩子互相"挑刺"，让孩子提出你的不足，你来提出孩子的不足。

这样的"挑刺"，能够让家长更好地了解孩子对家庭教育的看法，改进自己的不足，同时也能更柔和地对孩子的不良习惯提出建议。此外，这样的"挑刺"也给了双方辩驳的机会。

有时候，你的良苦用心可能被孩子误解，就趁这个机会好好解释吧；有时候，也可能是你误解了孩子，他也就有了为自己辩解的机会。如此，亲子关系就会变得更加亲密。

反思是一个好习惯，它不仅要求孩子自我反省，也要求父母不断反思自己对孩子的教育是否科学。最好的成长，就是家长与孩子一起反思，共同进步。